中国乡村发现

| 连续出版物 | 总第66辑 | 2023（4）|

主　编 / 陈文胜

副主编 / 陆福兴　瞿理铜　文贤庆

本辑执行主编 / 汪义力　余　露

湖南师范大学出版社
·长沙·

中国乡村发现

| 连续出版物 | 总第66辑 | 2023（4） |

主　　编：陈文胜（湖南师范大学中国乡村振兴研究院院长、中央农办乡村振兴专家委员）

副主编：陆福兴（湖南师范大学中国乡村振兴研究院副院长、教授）

瞿理铜（湖南师范大学中国乡村振兴研究院副院长、副教授）

文贤庆（湖南师范大学道德文化研究院副院长）

本辑执行主编：汪义力（湖南师范大学中国乡村振兴研究院博士生）

余　露（湖南师范大学中华伦理文明研究中心副教授）

主 办 单 位： 湖南师范大学中华伦理文明研究中心　湖南师范大学中国乡村振兴研究院
　　　　　　　　湖南省中国乡村振兴研究基地　　　湖南省农村发展研究院

编辑部地址： 湖南省长沙市岳麓区麓山路 370 号湖南师范大学里仁楼

邮　　　编： 410006

电 话 / 传 真： 0731-88872694

网　　　址： https://www.zgxcfx.com

书刊投稿邮箱： zhgxcfx@163.com

官方微信号： 乡村发现

征　稿

来稿要注重田野调查，突出问题意识；注重农村发展实践，尤其是乡村现实问题，提出能够进入农村基层实践、服务农村发展决策的对策建议；文风朴实，语言精练，通俗易懂，突出实例和数据，而非教条和空谈；篇幅在 3000 字以内，不存在知识产权争议；来稿请用电子邮件发至编辑部邮箱：zhgxcfx@163.com，并注明作者姓名、工作单位、地址及邮政编码（附个人简介及联系方式）。凡县乡干部、农民的来稿优先录用，与乡村无关或纯理论文章谢绝投稿（文学作品一律谢绝）。

小　启

因联系不便，请书中所采用图片的作者与编辑部联系，以便奉寄稿酬。

目　录

专　稿

在全面推进乡村振兴中加快建设农业强国

⊙ 陈锡文

　　从"实施乡村振兴战略"到"加快建设农业强国"，两者既一脉相承，又各有侧重。建设农业强国和推进农业农村现代化本身是一致的。城镇有城镇的特有功能，乡村有乡村的特有功能。作为一个共同体，城乡是融合在一起的，只有把各自的特有功能都发挥好，国家的现代化建设才是健康的。数字乡村建设是一个长期而复杂的系统性工程，但必须持续推动发掘信息化在乡村振兴中的巨大潜力。

一、辩证看待农业强国和实现农业农村现代化的关系

　　强国必先强农，农强方能国强。农业强国是社会主义现代化强国的根基，满足人民美好生活需要、实现高质量发展、夯实国家安全基础，都离不开农业发展。

　　习近平总书记多次强调："我国发展最大的不平衡是城乡发展不平衡，最大的不充分是农村发展不充分。"党的十九大报告提出"实施乡村振兴战略"，要求加快推进农业农村现代化，牢牢把握了城乡发展不平衡、农村发展不充分这一社会主要矛盾的主要方面。党的二十大报告提出"加快建设农业强国"，着眼于增强应对国际风云变幻的底气，守住国家安全的底线。从"实施乡村振兴战略"到"加快建设农业强国"，两者既一脉相承，又各有侧重。建设农业强国和推进农业农村现代化本身是一致的。作为拥有十四亿多人口的大国，如果不建成农业强国，在吃饭问题上还会被人"卡脖子"，我国现代化建设就难以真正掌握主动权。中国的自然禀赋决定了人多地少，而农

业又是所有产业中的一个短板，从这个角度上讲，建设农业强国是一项艰巨任务。

保障粮食和重要农产品稳定安全供给始终是建设农业强国的头等大事。世界上真正强大、没有软肋的国家都有能力解决自己的吃饭问题。粮食问题不能只从经济上看，保障国家粮食安全是实现经济发展、社会稳定、国家安全的重要基础。大国，尤其是人口大国，必须有能力解决自己的吃饭问题。从农业强国的特点和当今世界的表现来看，农业强国必然实现了农业农村现代化，而已经实现农业农村现代化的国家未必是农业强国。其中的一个重要原因，就在于这些国家不能靠自身力量解决本国国民的食物供给问题。当前，我国虽然实现了口粮绝对安全，但大豆、油料等自给率偏低，粮食安全问题依然存在。总体上，我国粮食供给存在总量不足、"北粮南运"粮食格局不平衡等隐患，饲料、油料、糖料"三料"不足等结构性矛盾突出。

党的二十大报告指出："我国发展进入战略机遇和风险挑战并存、不确定难预料因素增多的时期，各种'黑天鹅''灰犀牛'事件随时可能发生。"当前，我国粮食安全和食物安全问题，仍处在一个复杂的背景下，同时基于我国粮食总量不足、结构性矛盾突出的状态，对此要有清醒认识，做好打持久战的准备，以国内稳产保供的确定性来应对外界环境的不确定性。必须落实好党中央的战略部署，在任何情况下都始终绷紧保障国家食物安全这根"弦"。在口粮与其他食物之间，存在着很强的替代和转换关系，我们要有统筹观念，不能只满足于口粮安全，还要看到其他重要食物供给方面的缺口、存在的问题，增强自身能力、守住自身底线。

二、乡村振兴重在发挥乡村的特有功能

"全面建设社会主义现代化国家，最艰巨最繁重的任务仍然在农村。"推动乡村振兴，不仅是农村和农民的事，更是全党和全国人民的事。

乡村振兴有两大目标：一是加快建设农业强国，十四亿多人口的大国，只有把饭碗牢牢端在自己手中，才能掌握建设现代化国家的主动权；二是建设宜居宜业和美乡村，使农民富裕幸福，农村和谐秀美。前一个目标是"国之大者"，后一个目标是"民之所盼"，两者相辅相成，只有同步推进，才能相得益彰。

党的二十大报告指出："加快建设农业强国，扎实推动乡村产业、人才、文化、生态、组织振兴。""五大振兴"是总要求，"加快建设农业强国"是总目标。推进乡村振兴，不仅要提高乡村专业人才的比重，更要提高广大农民的文化科学素养；要充分发挥乡村基层党组织的领导作用，振兴农村集体经济组织和村民自治组织，

发展农民需要的各种新型经济组织和社会组织，提高农民推进乡村振兴的组织化程度。同时，还要重点发挥乡村的特有功能。

城市和乡村各有不同功能。在此可类比一个人，人有五脏六腑、四肢五官，它们各有各的功能。国家也是如此，城镇有城镇的特有功能，乡村有乡村的特有功能。作为一个共同体，城乡是融合在一起的，只有把各自的特有功能都发挥好，国家的现代化建设才是健康的。

城市的功能更多体现为在要素集聚和融合的基础上去推进各种各样的创新。乡村的功能则主要体现在它具有城市不具备但却是整个国家发展不能或缺的特有功能，这在很大程度上体现为守护和传承国家、民族生存和发展的根脉，即巩固农业基础、守护青山绿水、传承中华民族的优秀传统文化。因此，乡村振兴不能简单地比照城镇建设的路子。习近平总书记曾深刻指出："搞新农村建设要注意生态环境保护，注意乡土味道，体现农村特点，保留乡村风貌，不能照搬照抄城镇建设那一套，搞得城市不像城市、农村不像农村。"实施乡村振兴战略，不是说把乡村搞得多么漂亮，建设得跟城市一样，而是重在发挥乡村的特有功能，注意生态环境保护，注意乡土味道，体现农村特点，保留乡村风貌。

更进一步看，乡村在发挥其特有功能的同时，也要实现农民的共同富裕。党的二十大报告提出了很多措施，包括强化农业科技和装备支撑，统筹乡村基础设施和公共服务布局，巩固和完善农村基本经营制度，完善农业支持保护制度等，同时还明确提出要健全种粮农民收益保障机制和主产区利益补偿机制，发展乡村特色产业，拓宽农民增收致富渠道。切实落实好这些政策举措，就一定能加快提升农民的富裕程度。

同时，对当前我国城乡发展不平衡、农村发展不充分的现实不能低估。城乡居民收入差距，是衡量全体人民共同富裕程度的重要指标。要看到，我国经济增长情况和城乡居民分布格局与十几年前相比有了很大不同，以往的经验未必适合当下和未来。应抓紧对农民人均收入增长和城乡居民收入差距缩小的前景进行规划，以使这两个指标与我国基本实现社会主义现代化和建成富强民主文明和谐美丽的社会主义现代化强国的状况相称。

三、以数字乡村助力农业强国建设

数字技术、网络技术的迅猛发展，对全面推进乡村振兴、加快建设农业强国具有重大意义。

城乡融合发展是国家现代化的重要标志。习近平总书记指出："我国现代化同西方发达国家有很大不同。西方发达国家是一个'串联式'的发展过程，工业化、城镇化、农业现代化、信息化顺序发展，发展到目前水平用了二百多年时间。我们要后来居上，把'失去的二百年'找回来，决定了我国发展必然是一个'并联式'的过程，工业化、信息化、城镇化、农业现代化是叠加发展的。"在工业化、城镇化进程中，农业是"四化同步"的短腿，没有农业现代化，没有农村繁荣富强，没有农民安居乐业，国家现代化也是不完整、不全面、不牢固的。到2035年基本实现社会主义现代化，大头重头在"三农"，必须向农村全面发展聚焦发力，推动"三农"与国家同步基本实现现代化。以前的工业化、城镇化、农业现代化没能用上信息化，现在我们具备了这个条件。

信息化技术发展了几十年，有力促进了当今经济社会发展，并已经融入农业领域，许多国家将农业信息化作为农村建设的必经阶段。2016年，在网络安全和信息化工作座谈会上，习近平总书记指出，"相比城市，农村互联网基础设施建设是我们的短板。要加大投入力度，加快农村互联网建设步伐，扩大光纤网、宽带网在农村的有效覆盖"，并提出可以做好信息化和工业化深度融合这篇大文章，发展智能制造，带动更多人创新创业；可以瞄准农业现代化主攻方向，提高农业生产智能化、经营网络化水平，帮助广大农民增加收入；可以发挥互联网优势，实施"互联网＋教育""互联网＋医疗""互联网＋文化"等，促进基本公共服务均等化；可以发挥互联网在助推脱贫攻坚中的作用，推进精准扶贫、精准脱贫，让更多困难群众用上互联网，让农产品通过互联网走出乡村，让山沟里的孩子也能接受优质教育；可以加快推进电子政务，鼓励各级政府部门打破信息壁垒、提升服务效率，让百姓少跑腿、信息多跑路，解决办事难、办事慢、办事繁的问题；等等。连用几个"可以"，阐明了信息化在赋能"三农"发展中大有可为，既可以提升农业生产条件，提高农民的生活水平，也能改善农民就近可及的公共服务。

数字乡村建设是一个长期而复杂的系统性工程，但必须持续推动发掘信息化在乡村振兴中的巨大潜力。为乡村振兴插上腾飞的翅膀，让数字技术在乡村的广阔天地发挥更大的作用，让农民过上更加美好的幸福生活，越来越多的农民将在乡村的数字化发展中收获满满。

（作者系湖南师范大学中国乡村振兴研究院首席专家、中央农村工作领导小组原副组长兼办公室主任、第十三届全国人大常委会委员、农业与农村委员会主任委员）

由"四村"调查观乡村演进

⊙ 武吉海

经过对湘西四个村落近 8 年时间的跟踪调查，现将情况进行阶段性梳理。

一、调查内容与方式

2015 年，经朋友推介，我选择凤凰县柳薄乡禾若村（后合并到禾库镇米坨村）、吉首市矮寨镇坪年村、永顺县芙蓉镇捞庄村（已合并为兰花洞村），2017 年，加上古丈县坪坝镇曹家村，总共四个村落。围绕中华人民共和国成立以来"四村"经济社会发展与变革，民族文化和民间风俗变迁，乡村社会向工业化、城镇化转型过程中的机遇与问题，近些年脱贫攻坚与乡村振兴在村落的实践，基层组织建设与基层治理状况，村民生产生活现状，传统村落建筑遗产保护传承等课题，进行了较为系统的跟踪调查。

"四村"之中，坪年、禾若、曹家是苗族聚居村落，捞庄是土家族聚居村落。它们基本保留着苗族、土家族的特色建筑、传统的生产生活方式、较为古朴的民族民间风俗。作为典型的少数民族特色村寨，得到挂扶单位及财政、发改、民宗委、扶贫、住建、农业农村等部门的扶助，先后被国家列入中国传统村落保护目录。

我以田野调查为主要方式，多次下村采访、座谈，实地拍摄、记录。一般选在春种、秋收、清明、春节等外出务工人员集中回村的节点，入村采访村民生产生活场景。遇村里基层组织换届、召开重要会议、举办文化科技娱乐及非遗传承活动、村民办理婚丧嫁娶、修屋、家族聚会、村落整修及基础设施建设、驻村工作队轮换运行等大事，也前往走访。对须深入了解的重点事项，入住村里与村民、村干部吃住交流。每个村选择几户人家，作中华人民共和国成立以来的口述史记录。平常的采访、座谈，均做了文字笔记和影像拍摄。

二、演进趋势

"四村"近年的发展变化，显现了中国乡村社会转型演进的一些趋势。这些趋势，值得"三农"工作者深度关注并作进一步的观察、研究。

（一）为子女拼一个更加美好的未来

调查遇到的普遍现象，就是外出打工和在家生产的村民，比以往更加重视子女教育，为此舍得投入。禾若、捞庄、曹家村落，外出打工户占了青壮年劳力的70%～80%。坪年村这些年发展黄金茶，外出务工户有所回流，也占到60%多。采访在外打工的夫妇，说到动机，多数回答是挣钱供小孩读书。稍有积蓄的村民，想方设法送子女到县城读小学、中学，由老人或妇女就近租房陪读。一些贫困户，多方寻找增收门路，将小孩送往乡镇中心小学或集镇就读。有的外出打工户，把孩子带到打工地城镇入学。20世纪末国家启动的高校扩招，给农村青年进入大学、高职院校读书深造提供了机会。一些子女在大专院校读书的家庭，父母和老人平常舍不得消费，攒钱供孩子读到毕业、就业，有的甚至借账、贷款。村民回应，这样做是吃过文化低的亏，孩子没有一定学历今后在社会上不好就业。供孩子读书，是为他们拼一个更好的未来。捞庄村民孔凡顺，20多年来，为子女教育先后在永顺保坪乡、芙蓉镇、吉首市城区等地奔波、做事，他认为将小孩教育、安顿好了，吃苦值得。

调查还发现，农村青年大龄结婚和少子化已经来临。曹家村村支书杨开明说，他儿子30岁才成家。如今寨子上，30多岁没成家的大龄青年，有一层。有的光棍40多岁了，交了女朋友，还没有谈婚论嫁。这与以前为超生儿子东躲西藏，是想不到的变化。结了婚的年轻人，多数生一个或两个孩子，生老三的极少，传宗接代的观念在淡化。坪年村茶叶加工户杨正斌透露，寨子上30～40岁的光棍有几十个，这在以前很少见。

青壮年成批外出打工，拓宽了交往视野，扩大了通婚圈。年轻一代村民对居住地的选择，从注重就业扩展到考虑子女入托入学、看病就医。

（二）农村集体土地制度具有较大的韧性

我在省政协工作时，遇到一些专家学者，对现存农村集体土地制度使用效率有争议。有人认为农村土地制度改革没有进一步的突破，农业农村下一步发展推不动。深入农村调查发现，农村基层干部群众，对这件事的看法，显得更客观、实际一些。

农村年长者，对党和政府实行土地改革、农业合作化以及家庭联产承包责任制的动机，是理解和认可的。他们认为农村土地承包制度，留给进城务工人员一条退路。在城市打工做不动了，可以回村养老。现行的惠农政策，依附土地、人口覆盖千家万户，具有普惠性质。承包土地作为农民的口粮田，户户都有，能够减少因无地失地带来的贫富分化风险。"耕者有其田"，是祖辈追求的梦想，共产党将它付诸实施，推动了农村的社会进步。

乡镇村干部，对农村实行多年的"三级所有，队为基础"经营管理体制感受颇深。他们认为，社会主义公有制在农村的体现，是土地集体所有制。以生产队为基本核算单位，能够照看到每户村民。城市化、工业化需要的征地拆迁，国家进行的重大基础设施建设，农村的农田水利和道路、文化体育卫生等公益事业，村集体经济组织牵头的经济活动，需要动用、征用土地的，土地集体所有容易协调些。发展农业规模经营，做村民土地流转发动工作，也顺当一些。农村土地经营权转让，村集体有一些提成，村民通过土地流转获得收入。只要规范运作，公私利益可以兼顾。

至于争论较多的农村宅基地及附着房屋不能作贷款抵押物的欠缺，或许因为这些年有扶贫贷款和扶助资金来源，村民对此看得不是太重。

我就农村土地制度变革，采访过坪年村 1957 年出生的老支书杨太平。他说："村民对农村土地制度变革是拥护的。从农村土改分田到户，到 20 世纪 80 年代搞家庭联产承包责任制，党和政府一直在帮助农民发展生产，脱贫致富。农村土地归集体所有，承包经营权是农民的，种什么或者流转承包地，农民能够作主。遇村里修建学校、球场、村部、卫生室等公益设施，市里修建乡村公路，调整土地比较方便。如果土地归属私人，许多事不太好办。"

（三）乡村产业发展呈周期波动态势

20 世纪 90 年代以来，"四村"的产业发展做过多种摸索。

发展高效经济作物和经济林果，一度成为农村脱贫致富的热门。地处边远的禾若、捞庄，农户认为增收比较稳定的，还是种烤烟。烤烟有烟草部门扶持、收购，价格较好，这些年形成了大户种植，集中育苗、烘烤的产业格局。坪年近年在驻村工作队的帮助下，发展了 3000 多亩黄金茶，大部分稻田、旱土，改种茶叶。黄金茶目前市场销售向好，村民培管、采摘有积极性。曹家围绕生态农业，加大了 6000 多亩老油茶林的垦复培管，大集体时栽种的板栗，近年发展的养蜂、稻田养鱼和蔬菜种植，种养技术都有一些改进。捞庄的猕猴桃、辣椒，行情几经反复，会培管的种植户，还是有赚头。

发展畜牧养殖，支撑过养殖户的收入。除耕地较少的坪年村外，曹家、捞庄、禾若，都有一些种植苞谷等杂粮，饲养牛羊猪鸡的大户。前几年突如其来的非洲猪瘟，冲击了生猪散户养殖。这几年农村饲养、宰杀年猪的户数大幅减少，多数农户到集镇买肉过年。禾若的隆兴国、捞庄的向云富，一年种十几亩、上百亩苞谷，养猪几十头，多数年份赚钱。去年隆兴国运气不好，他家饲养的母猪、肉猪全部病死，今年谋划重启创业。

外出打工户，老家田土由在家老人或委托亲友耕种。水源差、地处偏远的稻田，不少已经弃种。禾若寨子，集体化时曾经种植稻谷 400 多亩，如今已减少近半。就近打工的劳力，农忙时回家帮忙插秧、收谷。耕整机犁田，淘汰了祖祖辈辈使用的耕牛，有的户现转养肉牛。20 世纪 90 年代风起云涌的外出打工潮，改变了农村的从业格局，农村兼业成为普遍现象。

从事农村产业开发，要冒自然、市场双重风险。兰花洞村村支书向军告诉我，去年捞庄村民种植辣椒，一斤均价卖到 2 元多。今年农户扩种翻倍，价格跌至每斤 0.7 元，种植户叫苦不迭。头几年猪价飙升时马上规模养猪的农户，遭遇猪肉价格暴跌，苦撑苦熬期盼猪价回升。茶叶去年遭旱减产死树，加上这几年各地扩面迅猛，坪年茶农担心目前卖价波动下滑。倒是茶油、蜂蜜、稻花鱼、散养土鸡等绿色产品，市场走势向好。在脱贫攻坚期间工作队扶持发展的黄桃等项目，有的已弃管或改种。从大面看，湘西过来开发的椪柑、板栗、药材、蚕桑和畜禽养殖等大宗产品，都遭遇过市场起伏的周期性风险。农村产业很难找到一劳永逸的长效项目。

农村产业开发，一度将发展农业合作经济组织作为抓手。坪年村有返乡创业者创办的幸福谷茶叶合作社，捞庄、曹家办有猕猴桃、辣椒、蜂蜜、茶油等种养合作社。有的合作社因租地成本过高，或育苗品种失误，或产品营销受阻，或利益联系松散，出现经济纠纷。有经济能人牵头的合作社，运作顺利些。

外出江浙、广东、福建等地务工的收入，是"四村"农民收入的大头。像水电工、电焊工等技术工种，月收入达 1 万多元。普通工种，月收入也有 3000 ～ 4000 元，比在家做生产划得来。一些长期在外打工的村民，攒钱买了小车，有的在县城购买了商品房和商铺。个别运气好的，已在打工地城区或县城定居落户。

（四）建造、购置住房，仍是村民支出的重头

农村住房闲置是比较多的。"四村"举家外出打工、住房关门上锁的，一个村有几十户。但在村里老家新建、翻修住房，一直没有停歇。在外打工积攒的钱，主要用于供子女读书、成家，建造或购买住房。我采访过 30 多位村民，少的花 20 多万，多的花了 50 多万元，在老家修建新房。

我问过几位长年在外打工回村建房的村民，他们回答，自己的田地、山林、祖屋、祖坟、亲戚六眷都在老家，打工年纪大了，回来居住方便些。老一辈的毕生辛劳，就是为子女成家立业后能起屋建房。在农村，你不建一栋新房子，人在寨子里抬不起头。

在"四村"建房，须按传统村落保护要求，使用传统材料、传统工艺修建或整修。新建砖混结构的现代住房，不能破坏传统村落风貌。这方面，坪年、曹家管理、引导得好一些。

这些新建的住房，带动了家用电器和家具消费。在食品和日常衣物消费比重下降的同时，村民的子女教育费用、手机通信费、养车费用等不断增加。以家庭计算，在老家建房和购买城镇商品房，仍是农户一生开销的重头。

（五）部分村落空心化难以逆转

在"四村"走村穿寨，多数时段格外冷寂、苍凉，有时找不到几个人说话。我几次选在春节、清明入村，遇人烟稀少。举家外出、无人照料的老宅，已漏雨、腐朽、垮塌多栋，也有失火烧毁的。捞庄大寨，以前有 70 多户 400 多人。这几年在寨子日常居住生活的，只有 10 多户人家，多是老人小孩。捞庄的泽大湖寨，全盛时有 15 户 70 多口人，目前只剩 2 户 5 人。禾若苗寨，以前住户有 550 多人，现在家做生产的，不到 50 人。曹家开经销店的村民叹气：春节一过，人走了多半，货卖不动了。真正留守村里的，少数有产业经营，多数是因各种原因走不开。

我采访过捞庄大寨到芙蓉镇上建房定居的村民向文忠。2010 年他一家从捞庄来芙蓉镇上太平桥，用打工积蓄买地建房定居。他在镇上做木工、泥工，一年收

入有 4 万～5 万元。爱人做小工，一年也有 7000～8000 元收入。他与儿子、女儿户口落在捞庄老家，媳妇户口在娘家高坪，都没有迁过来。他的哥嫂及 3 个小孩在浙江打工，家里也在芙蓉镇上买地建了住房。他算起来，原捞庄村民，在芙蓉镇上修屋、买房定居的有 70 多户，在永顺县城及吉首、长沙等打工地买房做事的，有 40 来户。这些外出定居的人回不去了，原因是老家不容易找钱。

按当下推进工业化、城镇化的势头，垮塌的房屋、衰败的村落还在增加。为数不少的村寨，因为缺乏增收产业和人气，即使修通了公路，整修了寨子，也难挽村落空心化的颓势。这四个村落算幸运的，列入中国传统村落目录后，得到国家村落保护资金的支持，扶贫投入近年也是前所未有。几个村的主干，一直在寻找发展乡村产业和旅游的门路。随着驻村工作队轮换和乡村振兴项目资金收紧，想重振村落往日大集体时的人气与繁华，谈何容易。

（六）村民对精神文化生活与公平正义的追求，走上前台

祖居村落是外出游子的精神家园，它承载着祖辈留下的夙愿和浓浓乡愁。打工者走得再远，遇春节家人团聚，村里亲友婚庆、老人丧事，多数会赶回老家参与、帮忙。乡村民俗文化与风俗的交流，通过这些聚会日子传播。

记得到禾若调研时遇见村里老支书隆玉珍，他向我反映，希望帮忙搞点舞狮龙套、苗鼓等文娱器材。他说："现在寨子人虽然少了，但吃饱饭后，还是要唱些苗歌，玩点舞狮，打点苗鼓。有文化活动，寨子才有虎虎生气。"

坪年、曹家新建村部、整修传统村落民居时，村民要求加建篮球场、休闲亭子、小广场，安装点健身器材，供大家开展文化体育娱乐活动使用。捞庄村民自愿献出承包土地，申请上级扶持修建停车场，支持村里筹划兴办美术院校师生研学写生基地，意在激活村落人气。

禾若保留苗族祭炯、接龙、玩傩愿等巫傩文化习俗。村民参加祭祀活动，遵守族群团结向善规仪，分工合作，把活动组织得井井有条。坪年出过湘西第一代苗族鼓王龙英棠大姐，多位当年跟她学习打鼓的妇女及孙辈，如今围场击打苗鼓，深得龙大姐的遗风。曹家传承的苗绣、花带、舞龙舞狮、苗族武术，遇到节庆，一些村民乐意出面为来客展示才艺。

我曾列席曹家村村权监督会，听过村民对项目申报、人居环境、公正办事、参与监督、民主法治等有了进一步的要求。农村精神文化生活发生的变化，说明在解决温饱、实现全面小康后，村民对精神文化生活的向往，对改进乡村居住环境、

公共服务和维护村民合法权益的追求，变得紧迫起来。

（七）乡村基层治理的职业化、多元化开始显现

近年来的乡村基层治理，形成了村党支部领导、村支两委决策，实行村权监督、民主理财、村账镇（乡）管等运行机制。村里大事，由村支两委开会研定。基层的民事纠纷，主要依靠村组两级调解。大的纠纷，由乡镇派出所、司法所牵头，与村综治调解委员、驻村辅警一起协调处理。随着外出打工人口增多，乡村平常纠纷有所减少。

村里设有村支书兼村主任、村秘书、村妇女主任、村综治调解委员、村支部纪检委员等职位。大的合并村，设有村党支部副书记或村委会副主任。每个村增设了一名辅警。村部改造新建后，大厅设立村民服务中心，办理服务事项。从2022年起，村主干实行到村部轮流打卡值守制度。

这几年，上级党委政府增加了村主干报酬，村支书兼村主任年报酬达到4万余元。村秘书和其他主干，一般按村支书年报酬的80%～90%计算，直接打到个人银行卡上。每村市县政府一年补助工作经费3万～4万元。前些年，发展村集体经济县里统一兴办的光伏发电，有项目的村一年可得几万元分红。村里从工作经费中，给村民小组长一些误工补贴。村部的开销缺口，一般是驻村工作队找钱填补。

前期扶贫攻坚，检查、督促较多，追责趋严。需村里填报的各种数据报表，工作量大，后来有所缩减。村支书一年用在公共事务上的时间，达到300多天。村秘书等工作量大的主干，包括轮流值班，也有200余天。村支书的职业化趋向开始浮现。

驻村扶贫及乡村振兴工作队，在乡村发展与治理中，发挥了重要作用。特别是后盾单位硬扎、掌握资源分配的，对扶贫及乡村振兴联系村支持更大。工作队长兼任村党支部第一书记，队员列席村支两委会，为乡村治理注入了活力。加上实行乡镇干部挂村联系工作制度，形成了乡村联动推进重点工作的格局。

靠近县城或风景区的村落，引进涉农、涉旅企业，发展农产品加工营销，试办乡村旅游；培植本村能人，发展种养加融合农家乐、民宿，在悄然起势。有实力和影响力的企业家、退休干部、乡贤，下乡、回乡，参与乡村建设与治理，在一些村落崭露头角。

这些乡村治理的悄然变革，加强了乡村发展、治理的行政驱动，呈现出多元参与赋能的走势。

三、感悟分享

通过调查感受至深的，是中国共产党领导、从农村起步的革命和建设，彻底翻转改造了农村底层社会，改变了"皇权不下县"传统乡村社会治理格局，实现了乡村社会的革命性再造。社会变革有时会以部分人委屈、受损为代价。我多次访谈的几位村民，其父辈在土地改革、合作化、三年困难时期中，吃过苦头或受到打击，但他们对党和政府没有怨言。被组织处理过的基层干部，重新起用后任劳任怨，以获得组织和群众的信任为荣。对政府全免农业税、实行系列惠农政策，对这些年精准扶贫的巨大投入，农村的基层干部和农民，多数认为这是旧社会不可能有的德政。这些对政策、时局的看法，使人眼光一亮。

推进工业化、城镇化、市场化、信息化，是当代农村发生历史性变革的巨大动力。谋划乡村振兴应遵循经济、社会发展客观规律。从较长周期观察，乡村发展是个渐变过程，国家投入力度与乡村变化快慢有着密切关系。我与多位乡镇村干部、外出打工的村民交谈，了解他们的看法和期盼。主流的呼声，是乡村吸引资源、人才能力偏弱，农户土地经营规模太小，找钱致富的门路不宽，必须借助外力才能实现乡村的发展与振兴。随着国家财力增加，政府应加大以工补农、以城带乡的投入力度。在农村实现整体脱贫后，继续实行较长时间的政策、资金与人才扶持，防止因灾因病返贫或致贫。逐步扩大政策普惠面，将农业农村发展融入建设中国式现代化的大局。加快让有能力在城镇落户的打工者，实现比较稳定的就业和由乡进城的真正转移。从而使农村资源配置逐步达到普通农户能盈利的经济规模。

乡村治理宜针对时弊，进行化繁为简的改革，注意从中国传统文化中寻找、利用优质资源，降低治理成本。中国共产党执政，给农村带来多年的安宁与发展。农村基层干部，为维护大局、推动发展，克服困难做了不少工作。近年农村的产业发展、基础设施建设、生态环境和公共服务，有了很大的提升和改善。治理方面，有进有退，乡村基层自主空间呈缩小趋势。在村里评定贫困户、低保户，安排公益性岗位，易产生矛盾。产业项目扶持和基础设施覆盖，在村民小组、户与户之间，有时不好平衡。扶贫及乡村振兴驻点村与非驻点村之间，获得的支持差距较大。大的项目，由上级部门直接实施，村里参与不够。传统村落保护与村民拆旧建新，难以兼顾。受"不患寡而患不均""等靠要"等旧观念的影响，乡镇主干这些年的异动频繁，机关作法下搬基层，以及脱离群众、不敢担责、数据水分等倾向，有的在累积或加重。行政权力延伸到村，运行成本偏高，容易与村民发生直接冲突，国家财力也难以为继。而传统文化中的乡村自治，依靠乡贤、家教、家训引导规范，这方面的潜力可以挖掘。宜针对乡村治理中产生的问题，按简政放权思路进行稳健、接地气的改革，为基层干部改进服务、勇于担责、诚实做事，创造宽松环境。使乡村治理减少无用做功，提升治理实效，走上依靠制度、机制科学治理的长效轨道。

　　有些村落，在今后的发展变革中难免遭到淘汰，但它的生态屏障功能会保留下来。一些靠近城镇、景区、交通要道，资源富集且有生产要素吸附能力的村落，会在发展农林产业和乡村旅游，展现传统村落风貌和农耕文明田园生活方式上，找到新的突破口。在可以预见的未来，只要紧紧依靠为国家工业化、城镇化付出辛劳的农民群众和基层干部，充分调动他们的积极性、创造性，我们就能开辟乡村持续、健康发展的无限空间。

　　（作者系湖南省政协原副主席）

时政解读：名家讲座

农户的社会流动与城乡公共服务

⊙ 朱玲

什么是社会流动？社会流动，它并不是一个方向，有向上也有向下。它不是中国独有的问题，而是一个世界性问题。另外，它不仅是研究个人在生命周期中，可能进入了某个中产阶级，或者上层阶级，或者掉到了下层，它还定义了一个直系家庭多代人在经济阶梯的升降。其实，社会流动不止我们经济学人在关注，社会学家最早关注，政治学家、历史学家也在关注。对社会流动不仅是不同学科关注，在普通人生活中你有意无意都会关注它。虽然不用"社会流动"这个词，但它是老百姓生活中密不可分的一个家庭决策元素。

一、社会流动理论、政策和实践的演进

社会变化过程中理论也在变化，理论反过来影响了政策，又影响了社会。这里需要特别说明，户籍制度在人民公社时代，把城乡社会非常明显地分隔开来。所以城乡分隔，对于占中国人口大多数的农村人是多么不公平。改革开放开始，农村改革的重要推动者杜润生领导的农研中心写了不少文章，呼吁"推倒"城乡之间的那堵墙。劳动力流动本身就冲破了城乡之间的制度藩篱，但是隐形分隔依然存在。

如果户口只是一种登记制度，而不是和城市公共服务与社会保障联系在一起，这样的存在就未必不合理。正常的情况比如说，我在北京常住应该有北京户口，如果回到西安就有西安户籍。事

实是很多在北京、上海、深圳工作的人，他们的户籍还是农村的。这是城乡隐形分隔的第一个表现。

第二个表现是农村的家庭分离。从 1985 年到我国宣布消除绝对贫穷，我一直在做减少贫穷的研究。2000 年左右我下农村，发现很多家庭的贫穷，是因为在矿井打工、在城市打工的人生重病、受工伤回家苦熬。他们把最美好的青春、最强壮的身体放在城市，当他们变弱了就不得不回到农村，不能享受城市福利。也许这个情况没表现在统计数据里，但在社会生活中我们能感受到。20 世纪 90 年代和 2000 年之后的几年，农民工的孩子进不了城市的学校，那不回村上学该怎么办？这种分隔就是制度性的分隔。《中国流动儿童教育发展报告（2021—2022）》中出现了"回迁儿童"这样一个新词。原来留在老家的叫"留守儿童"，跟着家长来城市，没有回老家的叫"流动儿童"。

我们在 2000 年以后的多次农村调查中发现，农村开始出现寄宿学校，很小的孩子都在寄宿学校上学。还有很多儿童进不了城市幼儿园，上学需要多种证件和证明。本来城市公共服务不够，社会保障薄弱了应该增加供给，但各个城市的办法是接受农民工进城劳动，但公共服务不增加，还用"条件限制"把人赶出去。一个城市，就应该像一个自然生态，既有参天大树，也有低矮小草和中等的灌木，不可以只剩下大树。很多城市的家政保洁等服务行业都是农村迁移劳动力为主，说明城市还是需要人家，但是提供服务的时候又排除了这部分人，这不是隐形分隔是什么？

2020 年以来，我们在同一个省里调查村子以后，又去调查城市，但是城市里不一定都是本省的农村劳动力。我们调查了劳动者家庭分工为特征的社会流动实践。在家庭分工方面，我们关注了代际分工。老人这一代，中年这一代，年轻这一代是有代际分工的。我们还特别关注性别分工，男的干什么，女的干什么。在这两方面的调查中，我们要看看公共服务和社会保障的短板在哪里，是以建设性的态度，找出来弥补短板的可能性和可行性，再看针对脆弱群体最紧迫的需求如何去改善。

二、村庄人口、基础设施和公共服务的变化

如今农村的常住儿童明显在减少，除了计划生育政策和生育意愿下降的原因外，也是近年来新一代农村迁移工人带孩子进城的结果。我在 20 世纪 90 年代做

农村调查的时候，像电影中一样后面跟着很多小孩，我提一个问题，一大堆孩子就抢在大人之前回答问题。2009年，我们给人力资源和社会保障部（以下简称社保部）做农村社保调查，发现碰到的都是老头老太太，年轻人没有了，上学小孩不多，抱孩子的人也不多。我曾经在湖北大山里调研时发现，这个村里只有一个小孩，有企业家在这儿花20万建了小学，却没有孩子上学，村里人就用空教室来做直播。虽然没有把建筑浪费，但至少说明原有的用途不再需要。还有一些村的小学变成了养老服务站。村庄人口的变化，决定了公共服务结构和供给的变化。

在调查中，我们大致挑了三个年份进行比较，我国扶贫成就确实辉煌：解决了基础设施中供电、供水、学校和卫生室不足的问题，有些脱贫村的设施甚至比非贫困村还要完善。40年来中国政府没有停止向贫困村投资，最可喜的是交通的改善，现在的农村人可以坐高铁进城务工。我们以前下乡调查，去一个地方路上至少要两三天，现在一天就能到。在陕北、内蒙古一些村子里面还有快递站，移动信号也很好。

但现在农村公共服务和基础设施依然存在短板。农村儿童早期发展中的情感、认知能力刺激依然缺乏，农村老人养老和就医困难依然存在。在这里需要特别说明的是，农村的五保户、低保户反而没有一般老人困难，因为有民政给他们兜底，可以免费去养老院。在基础设施上，排污设施一直是农村改造的痛点。农村的居住特性造成了排污设施需要分散建设，采用和城市一样的设计和用材会非常昂贵，所以这一点还需要政府提供强有力的经济支撑，鼓励企业发明适合农村的设施设备。在农村老年照护服务方面，一些县财政会予以补助。在民政局加以督办的村庄，村两委通常利用闲置的小学校园兴办"幸福院"，或者专为老人供应午餐。例如，陕西省榆阳区的行政村均设有幸福院，每院雇用一位中老年妇女担任保洁员和炊事员。入住老人床位免费，伙食标准为每日5～8元。入住者只需支付每日3～4元的餐费，差额由财政补足。民政局还按照入住人数，每年补助每个幸福院6.5万元左右的运行经费。幸福院入住条件为本村70岁以上、子女在外打工、生活可自理的居民。至于生活不能自理者，唯有中高收入家庭和政府予以财务兜底的五保老人，可以利用养老院和上门护工等社会化照护服务。中低收入农户因支付能力不足而难以利用有偿服务，往往陷入老年照护困境。

现有的乡村发展实验表明，投资村庄儿童和老年服务，既有改善儿童福利和老年福利之效，又能提升当前和未来劳动者的人力资本水平，还可以解除外出劳动者的后顾之忧，同时也能促进照护产业的发展并创造新的工作岗位。老幼照护的收益明显溢出家庭而惠及整个经济与社会。况且，在工业化和城市化大潮冲击下，家庭功能明显弱化，社会与家庭及个人分担育儿和老年照护责任已势在必行。可是它为何至今仍为公共投资的短板呢？

这一是因为社会化老幼照护服务的成效短期难以显现，在地方主政官员的政务优先序中排位靠后。二是儿童早期发展和老年照护服务需要细致而又可持续的制度安排和财务支持，这两个条件在村庄层面普遍缺失。正因为如此，当前提供这两类服务的村庄大多属于社会组织与政府机构合作的试点。它带来的启示在于，社会化的村庄老幼照护服务应当成为乡村振兴投资的重点领域。服务的提供既要有社会组织和村民的参与，又需要借助市场的力量。

三、村民家庭的代际教育流动和住房投资升级

住房不仅是物质投资，也是教育投资。我们在农村调查中发现一个现象，结婚时农村的姑娘会要求男方在县城买房，我当时就问，你们县城没有多少工业，为什么非得在县城买房？她们表示，为了享受更好的基础设施和公共服务，县城的教育水平肯定高于乡镇。由此可见，不仅就业机会和产业发展能吸引人群购房，基础设施的改善和公共服务也能吸引人。

我们把发达国家那种不设制度藩篱的乡—城人口迁移，视为自然演进式的城市化。把中国政府将特定群体和部分农区及居民划归城市的举措，视为行政性城市化；将农村迁移人口在制度阻隔下仍自行落户城市的方式，视作自主城市化。

即使有那么多的制度阻隔，农村的人口还是排除万难，不顾一切进入城市，这是自主城市化，也是我们调查的重点。我们通过研究农村迁移劳动者落户城市的方式，寻找突破城乡壁垒的缺口。看看制度阻隔最薄弱的地方在哪里？可行的政策从哪里入手？我们发现，无论从心理还是文化来看，农村家庭都认为把孩子送到城市落户会有更好的前途。究其根本，还是村子里的就业机会太少。地少人多，这是中国改革开放的一个初始条件。中国很长时间都在小农经济的条件下发展，土地太少，怎么保证收入？经营那么一点儿耕地能使家里的人均收入和城市收入持平吗？不可能！所以农村劳动力进城，本身就是农户增收的决策。

近年来，工资收入在农村家庭收入所占比重不断提高。随着时代的进步，农村劳动力转移以"离土又离乡"的方式为主。村民家庭的分工决策也不仅仅以性别和年龄划分，而是对城市劳动力市场的供求信号越来越敏感，无论是性别分工

还是代际分工都蕴含着对劳动者机会成本的考虑。

家庭劳动力的性别分工在很大程度上取决于个人的市场参与能力。何者外出务工？何者留守村庄？影响家庭决策的因素固然复杂，但处在首位的决定因素还在于，谁在他乡的工作更稳定且收入更高，谁能更妥帖地承担"老家"的生产和家务劳动。随着城市制造业、服务业和照护行业对女性劳动力需求的增加，青壮已婚女性甚至低龄老年女性外出就业的势头悄然形成，留守丈夫由此应运而生。

为了降低劳动力流动成本同时又保证学龄儿童教育投资，家庭分离不再限于劳动力流出地和流入地两处，而是呈现多点分居状态。有的人家由祖母陪同孙辈去镇上或县城读书，祖父留守村庄，孩子的父母到县域之外谋生。有的则是未婚的姐姐一面到县城做工，一面照顾弟弟上学。更多的情况是，锁闭村中房屋，母亲到县镇陪读，父亲跨省或跨县务工。虽然现在看是对家庭资源的合理配置，但是从情感、照料上来看，这是一个很悲痛的事。另外，在村民投资决策中不乏理性取舍。纯老年家庭的决策理性表现为放弃自建新房，将家庭收入支援子女购买基础设施条件更好的商品房。回到农村自建房这个事，在贫困村和非贫困村，已经有15%左右的农户在城市买房，这跟城市金融向农村人口开放分不开。

不难看出，村民家庭的人力资本和物质资本投资相辅相成，投资决策中皆包含代际向上流动的意图。家庭住房投资叠加政府对通电、通水、通路等村庄基础设施的投资，明显地改善了村民的家居条件，有助于减轻留守妇女的家务劳作、保障留守老人的生活安全和促进留守儿童的健康成长。村民家庭的教育支出决策有大量公共信息引导，但购房支出却不然。住房投资失误不但导致家庭财务损失，而且造成社会资源浪费。

怎样让脱贫县自力更生，这是一个关键所在。脱贫的目标是两不愁三保障:吃、穿不愁，义务教育、基本医疗和住房安全有保障，这是扶贫目标和生活底线。财政资源既要使脱贫县能够支付起这些，也要有足够的财力保证基层政权有效运转。目前，一些地区已经将村党支部和村委会领导班子合二为一，一个干部承担多种事务，尽可能实现财政的开源节流。

四、农村迁移劳动者的发展策略及实践

乡村劳动力迁移大潮以改善家庭福利为前提，没有因为政策改变、城市驱赶而减少。2020年，即使在新冠疫情大流行的情况下，全国农村迁移劳动者（农民工）

的总量仍高达 2.86 亿人。从全国统计来说，农村迁移工人减少的数量并不多。从农户的主动性、进取心来看，没有因疫情和政策而改变。那他们到哪儿就业去了呢？大多去了民营企业。可见，凡是促进和有利于非国有部门、民营企业发展的政策，就是有利于就业、有利于减少贫穷、有利于降低收入不均等的政策。据全国农村固定观察点的调查，2018 年的外出人口中，84.6% 属于 16 ~ 60 岁的劳动年龄组（该组别的男性约占外出人口的 1/2，女性约占 1/3）。这说明，农村迁移人口中虽有老幼，但仍以青壮劳动大军为主。

在我们访问的企业中，年纪越轻的劳动群体学历越高，学历越高的迁移工人技术层次和工薪水平也越高。他们通过市场寻找工作以后，对自己现在的状态很满意，并依然在继续学习。对于收入支配，我们发现年纪越大的迁移劳动者，向农村留守家庭汇款越多，用收入带动家庭脱贫并逐渐提高经济地位。通过劳动力流动，改换自己的位置，这是一种人力资源投资。越年轻的员工越注重在企业提供的技能培训之余，投资自身的继续教育。

关于投资住房，跟 2006 年我们调查的时候相比，2020 年农村家庭在城里面买房的比重增加，约占受访者的 1/4。我们访问的城市有南通和昆山，在南通和昆山买房的有很多，但在重庆、武汉买房的较少，这是由于房价影响。买房者几乎都有银行贷款，也有私人借款。一个 2000 年毕业的大学生对我说，父母为了他能学好英语，借钱在县城买了房，父母都在县城打工，帮助他在县城上学，他三年以内就赶上学校同年级的英语水平。除去教育投资，一部分购房者是因为子女结婚，老人可以得到更好的保暖住房等原因。

这里面注意到，年轻的受访者们遇到的普遍问题为子女进幼儿园和就学问题。城市中性价比高的幼儿园非常难进，需要拿房产证或居住证和积分排队，对于到城市较晚的年轻人，很难排上。如果公立幼儿园因为有城市政府在土地各种基础设施方面的优惠，以一个较低的价格接纳农村迁移儿童，会解决他们很大的教育困扰。这一代年轻务工者为了不重复父辈的命运，家庭不得不分离。但家庭分离给儿童的成长、给老人照顾造成的损失却很难补偿。

2006 年，我们跟社保部合作，做过农民工社会保障试点调查。从医疗保险到养老保险，一直跟踪做调查。数据显示，农村迁移工人的保险参与率是大踏步进步了。但我们要关心的远不止如此，我们要看到，在他们受到危机威胁的时候，可以从社会保险得到多少帮助。我们在武汉调查时得知，好多地方曾因为疫情封控停产，但真正拿到失业保险金的只有一个受访者。在陕北一个城市调查的时候得知，当地煤矿的农民工全部参加失业保险，但发放失业保险金的时候，地方政府规定，农村户籍的参保者领取的金额为城市户籍的1/2。在昆山，给予救助的前提条件是有本地户籍。外地户籍人员只能通过转换工作和花取积蓄的办法渡过危机。这些情况都说明，这些制度需要去改善！中国现在老龄化很严重，长期照护投资不足。农民工和农民家庭普遍实现了代际教育流动，相当一部分家庭利用过助学贷款，还有4/5受访者跨过中等收入最低门槛。与此同时，迁移劳动者在失业期间极少得到城市救助和城市社会保险，随迁家庭也很难得到适合其收入水平的托幼服务。并不是说所有人都需要同样服务，但是基础的服务应该让每个人都能享受到。还要弄清楚什么是共同富裕，怎样走向共同富裕。可以肯定，共同富裕一定要以权利和机会平等为基础。

五、政策性的讨论与结论

基于中国当前国情，勾连多轨制的社会保障制度，可以组成城乡融合的社会保障与公共服务体系。瞄准脆弱群体的社会福利，便可作为连结多轨制社会保障的"黏合剂"。仅就老幼照护不足的难题而言，实行普惠型的老年和幼儿照护补贴，即为其中一个切入点。为此而采取的公共财政支出，属于全社会范围内的一种收入再分配，完全可以参照城乡居民非缴费型养老金的筹资方式设计。与此相对应，还须在政策环境上消除对民营照护机构的所有制歧视以便激励服务供给。更重要的是，各级政府均须对所有企业和劳动者一视同仁，继续推行激励经济增长和促进就业的政策，否则任何社会保障和公共服务制度都有可能变成无源之水、无本之木。

（作者系中国社会科学院经济研究所研究员、中国社会科学院学部委员，本文根据作者在辛庄企业家精神大课堂第五期线上公开课的讲座录音整理）

构建有利于共同富裕的城镇规模结构

⊙ 魏后凯

当前的中心任务是在高质量发展中逐步实现共同富裕。2021 年 7 月 1 日，习近平总书记庄严宣告，我们在中华大地上全面建成了小康社会。党的十九大已经明确，到 2050 年要建成社会主义现代化强国，基本实现全体人民共同富裕。所以，全面建成小康社会之后，我们的中心任务是在高质量发展中逐步实现共同富裕，因为共同富裕是社会主义的本质要求，也是全面建设社会主义现代化国家的根本目标。

党的十九大报告明确提出来，到 2050 年要基本实现全体人民共同富裕；十九届五中全会和"十四五"规划纲要又提出来，到 2035 年全体人民共同富裕要取得更为明显的实质性进展。我认为，是否有利于共同富裕，对推进城镇化和构建城镇规模结构而言，都是一个重要的度量标准。过去我曾做过一个研究，探讨了实现全面小康以后，我国从全面小康迈向共同富裕的社会阶段划分问题。

根据我个人的推算，我国可能在 2023—2024 年迈入高收入国家行列。现在中央已经明确要在 2035 年基本实现现代化，假如我们把基本现代化作为相对富裕标准的话，也就是说 2035 年以后，我国将进入相对富裕社会。到 2050 年，我国将建成现代化强国，基本实现共同富裕。如果把基本实现共同富裕作为共同富裕社会门槛的话，那么我国有可能在 2050 年进入共同富裕社会。也就是说，在全面建成小康社会之后，从 2020 年开始我国已经正式进入了全面小康社会，2035 年我国将进入相对富裕社会，2050 年我国将进入共同富裕社会。当然，这是我个人对中国社会形态的分类。2021—2035 年我国处于全面小康社会，人民生活总体宽裕；2036—2050 年我国处于相对富裕社会，人民生活较为富足；2050年以后我国将进入共同富裕社会，人民生活富足、包容，实现共同富裕。当前，中央已经明确，到2035年要基本实现社会主义现代化，基本公共服务实现均等化，人均GDP达到中等发达国家水平，届时人民生活将更为宽裕。

过去我也做了研究，中国的城镇规模增长曾经出现了两极化的趋势：一方面超大、特大城市急剧扩张，规模不断膨胀；另一方面部分中小城市，尤其小城市、小城镇出现了萎缩。我们过去有大量的数据来支撑中国城镇规模增长的两极化趋势，到目前为止，虽然我国全面建成了小康社会，但这种两极化的趋势并没有从根本上得到扭转。我个人认为，这种两极化的趋势将不利于共同富裕目标的实现。也就是说在共同富裕的目标下，无论是超大城市、特大城市还是广大的中小城市和小城镇都要实现高水平、高质量的协调发展，我们不能说超大、特大城市要实现富裕，中小城市和小城镇不实现富裕，而应该是包括不同规模的所有城镇都要逐步实现共同富裕。所以，我认为有利于共同富裕的大中小城市和小城镇的协调发展应该是我们判断城镇化格局是否科学合理的重要标志。如果大中小城市和小城镇不能实现协调发展就不能建立一个科学合理的城镇化规模格局，就不可能最终实现共同富裕的目标。

当前中央已经明确，到2035年要基本实现新"四化"即新型工业化、信息化、城镇化、农业现代化，这里就包括基本实现城镇化。2035年要基本实现城镇化，我们怎么来进行考量？主要是从两方面来考虑：一是基本实现，我以为城镇化的实现程度达到80%左右，就可以算是基本实现；二是城镇化包括数量也包括质量，二者都要满足基本实现的要求。

进入"十三五"时期，中国城镇化已经全面减速。按照"七普"修订数据，自2016年西部地区城镇化率超过50%以后，四大区域城镇化率都越过了50%的拐点，进入城镇化减速阶段。除个别年份，比如东部地区2020年和东北地区2018年城镇化增速在加快，"十三五"时期全国和四大区域城镇化的速度都是减速的，而且中西部地区城镇化的增速要远快于东部地区。正因为如此，中西部与东部地区之间城镇化率的差距在不断地缩小。我们可以清楚地看到，东部与中部地区之间的城镇化率差距，从2015年的13.82个百分点减少到2020年的11.76个百分点，而同期东部与西部地区之间的差距由15.84个百分点减少到13.49个百分点。

从常住人口城镇化率来看，我们对2021—2035年中国城镇化率作了一个预测。2020年我国常住人口城镇化率是63.89%。根据我们预测，到2025年，按新的"七普"修订数据，我国常住人口城镇化率有可能达到67.9%，到2035年有可能达到

74.4%。按照国家"十四五"规划，2025年我国常住人口城镇化率的目标是65%。当然这个目标是按照未修订的2019年数据来测算的。按照"七普"修订后的数据，2019年我国城镇化率比原数据增加了3.3个百分点，据此预测的城镇化率当然就更高一些。这样2035年常住人口城镇化率将达到74%左右。过去我们曾经做过研究，中国城镇化率的天花板可能在85%左右，那样我国常住人口城镇化率的实现程度已经达到了87.5%，基本实现城镇化。从数量上来看，或者从常住人口城镇化率来看，一点问题都没有。

问题在于，从户籍人口城镇化率看，要基本实现城镇化难度较大。根据"七普"修订数据，常住人口城镇化率和户籍人口城镇化率的两率差距在"十三五"期间不但没有缩小反而在不断地扩大。2015年，中国户籍人口城镇化率为39.9%，比常住人口城镇化率低了17.4个百分点；到2020年，户籍人口城镇化率也在不断地增加，达到了45.4%，但它比常住人口城镇化率低了18.5个百分点，也就是说"十三五"期间，两率差距不断缩小的目标并没有实现，这期间两率差距反而扩大了1.1个百分点。正是由于这种两率差距，目前中国城镇常住人口中尚有2.61亿农业户籍人口。怎么来逐步缩小两率差距，这是未来需要深入探讨的一个重大现实问题。

2035年，基本实现城镇化的重点难点在质量。首先，要实现两率的并轨，最终实现市民化与城镇化的同步，最关键的是户籍人口城镇化率提高的幅度要大于常住人口城镇化率提高的幅度。其次，要对城镇化的规模结构进行优化，实现大中小城市和小城镇的协调发展。最后，要加快基本公共服务的均等化，全面维护进城农民的各项权利，这里的核心，是要解决进城落户农民"三权"的退出问题。

下面，我想重点谈一下2035年的城镇化规模格局。根据我们课题组的研究，2035年，城区人口1000万以上的超大城市数量在现有增长的基础上将会继续增加，50万～100万的中等城市将成为突出的短板，小城市和小城镇将成为吸纳城镇人口的核心载体。我们做了一个模拟预测，如果按照现有的趋势发展下去，对超大、特大城市扩张不加限制，到2035年我国超大城市数量将达到12个，其城区人口占全部城镇（1万人以上）人口比重将达到14.7%。中等城市，虽然有115个，但其人口比重只有7.9%，而小城市和小城镇（1万～50万）大概1.6万多个，它吸纳的城镇人口比重在55%左右，超过了一半。当然，这里只是一个初步的模拟预测。

按照"七普"修订数据，2020年我国超大城市一共是7座，包括上海、北京、深圳、重庆、广州、成都、天津，它们的城区人口都超过了1000万，根据我们的模拟，到2035年，如果按照这种态势发展下去，超大城市还有可能会增加5座达到12座。

这些年来我国超大城市扩张得很快，2000 年的时候 1 座都没有，2010 年是 3 座，2020 年"七普"修订数据是 7 座，我们预计到 2035 年可能达到 12 座。再从超大城市城区人口比重来看，2000 年是 0，2010 年是 6.5%，2020 年是 12.3%。当然，这是超大城市城区人口占全国总城镇人口的比重，和前面提到的 2035 年这个比重的分母是有差异的。

　　未来我国超大、特大城市应该向现代化都市圈方向发展。中央已经明确，要加快城市群和都市圈轨道交通网络化，建设现代化都市圈。为此，应采取多方面措施优化都市圈的空间结构。根据我们的研究，未来中国应建设 34 个高品质的国家级都市圈。如何优化都市圈空间结构？一是要严格控制县改区，防止超大、特大城市摊大饼式无序蔓延；二是推进中心区功能和产业扩散；三是要大力发展现代城郊经济。当前，城郊经济正在从分化走向协调发展。现代城郊经济具有高度融合、高度一体化、都市型城郊产业、新型集体经济等特点。但是它现在面临的困境是城郊经济在不断地分化，北京也是这样的，主要原因在于它的区位条件、历史积淀、产业选择和能人效应。为此，应采取有效措施促进城郊经济协调发展，实现大都市圈共同繁荣。当然，这里面有三个着力点：一要做好产业的选择，发挥能人效应；二要做好政府的规划引导和扶持；三要构建多层次、多领域、多形式的发展共同体。在中小城市和小城镇中，一定要加快推进县城的发展。目前我国的县城虽然仍存在诸多的短板，但我认为，未来的发展潜力巨大。现在县城的短板在哪儿？主要体现在基础设施落后，公共服务差距大；产业支撑不足，就业岗位缺乏；农民落户的意愿比较低；因为区位和资源禀赋的不同，县域分化明显加快。

　　如何加快推进县城的发展？一是要实行差别化战略，重点是加快撤县设市的步伐，并按照现代小城市的标准来推进县城的建设。二是要强化县城的中心功能，重点是加强基础设施建设，提高公共服务水平和质量，增强县城的中心功能和综合服务能力，辐射带动小城镇和乡村发展。三是要赋予县城更多的资源整合使用自主权，还要防止资源过度地集中，产生"虹吸"效应。当然，也不能把资源都投到县城里，其他的建制镇同样需要协同发展。四是增强产业支撑能力，建立各具特色，符合主体功能定位的现代产业体系。五是提高县城的人口吸纳能力和吸引力。

　　（作者系湖南师范大学中国乡村振兴研究院专家委员、中国社会科学院农村发展研究所所长，本文系作者在中国城市百人论坛 2021 秋季论坛上的演讲）

粮食安全、农民增收和永续发展

⊙ 黄季焜

纵观过去四十多年我国粮食产量增长情况，以及粮食产量、播种面积和单产之间的关系，我们可以得出这样的结论：提高粮食产量不是靠扩大种植面积，而是主要靠提高单产。很遗憾的是，现在的一些政策只是片面强调粮食面积，与过去发展经验存在偏差。通过单产不断提高，我国粮食总产也随之提高，才使得我们能在过去的四十多年时间里，把原本非常有限的耕地分出一部分来生产经济作物、畜产品和水产品，粮食播种面积的占比从80%下降到70%。这10%的变化对中国农业经济和农民增收影响巨大，农业结构也随之发生了巨变。过去四十多年，我国粮食生产年均增长超过2%，比同期我国人口年均1%的增长高1倍以上。因此，在保障粮食安全的前提下，我国将有限的耕地进行优化，改变了粮食作物一枝独秀的局面，经济作物、畜产品、水产品百花齐放。粮食单产水平的提高，再加上经济作物、畜产品、水产品等高附加值农产品的扩容，农业总产值增长也超过5%，这对农民增收和改善国民消费结构都非常重要。

一、高值农业与农业的全要素生产率增长

高值农业占比，是指蔬菜、水果、畜产品和水产品在农业总产值中的占比。过去几十年，我国农民增收与高值农业发展关系紧密。保障粮食安全是国家战略和目标，农民增收和共同富裕更是党的奋斗目标。因此，增加农民收入，必须在保障口粮安全的

情况下，大力发展高值农业。

过去四十多年，我国农业总产值（扣除物价变化）年均增长 5.4%。其中有 60% 来自全要素生产率的增长，约 40% 是投入增长。投入增长包括土地等资源投入、劳动投入和资金投入。从数据呈现的结果看，劳动投入在下降，资金投入在上升。推进绿色发展，就意味着不能靠高投入来实现高增长，要在节省投入的情况下也能实现高增长。要实现这一目标，我认为主要靠全要素生产率的增长。在 20 世纪八九十年代，我国农业全要素生产率年均增长超过 3%，现在接近 3%。全球范围来看，农业全要素生产率年均增长约为 1%，高的时候达到 2%。由此可见，我国农业全要素生产率的增长水平已相当高。

农业全要素生产率增长主要靠四大驱动力，即制度创新、技术进步、市场改革、农业投入。制度创新非常重要，土地等生产要素、生产方式和农产品市场等制度安排都可以进行创新。制度创新通常不需要很多投资也能创造价值，比如改革初期的家庭联产承包责任制。技术进步需要投资，虽投入不大，但作用巨大。目前农业研发投资只有 200 多亿，是农业农村领域财政投入约两万多亿的零头的零头。过去我国粮食产量增长很大一部分源自技术进步。市场化改革使农业生产结构发生很大变化，在改善农业生产要素优化配置的同时，也显著提高了农业全要素生产率。农业发展要靠投入，这是非常重要的。在农业投入中，基础设施建设和提高投入品质量等方面的投入尤为重要。

二、我国农业面临的挑战及对策

过去四十多年我国农业发展取得巨大成就的同时，本世纪初以来我国农业农村发展也面临巨大挑战。挑战一：城乡居民收入差距不断扩大。到 2004 年，城镇居民收入已经是农村居民收入的三倍多。如果按照国外经验，这一差距问题已经相当严重，对社会稳定会产生很大影响。要感谢农村老百姓，在当时如此悬殊的城乡收入差距下，仍然在农村努力地生产和生活。这一问题也引起了当时中央和相关部门的重视，从 2004 年开始陆续出台了一系列政策促进农民增收。挑战二：粮食安全引起广泛关注。21 世纪以来，我国农业还面临粮食等农产品进口不断增长的局面，到 2004 年农产品进口开始大于出口，之后这种贸易逆差不断扩大，引起政府的广泛关注。挑战三：资源与环境退化。过去四十多年我国农业年均增长超过 5%，某种程度上是以牺牲资源环境为代价的，比如地下水位下降、土壤质量退化、农业水源污染、生态环境压力等。这些现象告诉我们，过去农业增长方式不可持续。

如何应对上述三大挑战？我国一直在不断摸索。2004 年是我国农业发展政策的重大转折点，国务院开始实行减征或免征农业税的惠农政策。到 2006 年，我国完全取消农业税费（包括农业税和各种提留费）。在 21 世纪初农业税取消前，我国农民每年需要缴纳的农业税费约占农业产值的 8%，因此这是一项重大的政策转变。2004 年我国还启动了农业补贴和收储政策。农业补贴从粮食直补和良种补贴扩大到农资综合补贴和农机补贴。收储政策就是以最低收购价格和临时收储价格为主要内容的粮食价格支持政策。为促进我国粮食增产和农民增收，也是从 2004 年开始，中央一号文件再次让位给"三农"问题，很多政策从此开始出现较大调整和变化，针对农业农村发展方面的财政投入也从 2004 年开始大幅增长。

在取得成绩的同时，我国的农业政策也走了一些弯路。比如农业补贴政策在 2012 年开始封顶，这里的补贴数字是名义价格，如果按实际价格或扣除物价增长，我国农业的直接补贴已呈下降趋势。启动农业补贴的初衷是提高粮食生产，增加农民收入。然而我们的研究表明，农业补贴不但无法提高粮食生产，而且使农民间的收入差距进一步扩大，对良种和农资的补贴也没能带来实质性的促进作用。

为什么会出现这种情况？中国是农业大国，农业补贴要根据农户种粮面积、购买良种和农资数量从中央发放到 2 亿多农户手中，是不可操作的；同时，再多的补贴分到 2 亿多农户，对农民增收作用也有限。所以，农业直补最后只能根据 1997—1998 年第二轮承包耕地多少来补贴，补贴对当年的粮食生产没有影响；而且靠补贴增加农民收入这条路也是不现实的。不过既然已经走上这条路，轻言退出似乎也不太容易。因此从 2012 年开始，我国农业补贴的水平有所下降。

对农业而言，科技兴农的重要性日渐凸显，虽然农业科技投入不断增长，但还远远不够。这也意味着在促进农业发展、保障粮食安全方面，我们还有很多政策工具和较大的提升空间。最低保护价和临时收储政策在过去几年里已在悄然改革。虽然相关改动在中央一号文件中体现得不明显，但这些政策确实经历了从放开到保护，从保护到再次慢慢放开的过程。比如，从 2014 年开始的多年内，稻谷和小麦最低保护价格不再增长，而此前的最低保护价格则是一直上涨。再比如，大豆补贴困难更多：2014 年大豆取消临时收储政策后改为目标价格政策，但目标价格在提高国内大豆价格的同时，也提高了大豆进口价格，因为我国 85% 的大豆依靠进口，中国大豆进口占全球大豆贸易约 60%。如此一来，国内补贴大豆的钱最终多数流向美国和拉美国家。因此，大豆在 2017 年开始取消补贴政策。油菜籽和食糖的临时收储政策分别在 2014 年和 2015 年取消。玉米的临时收储政策也从 2016 年开始改为"价补分离"政策。

现在就剩下新疆的棉花目标价格政策和稻谷与小麦的最低收购价政策。我曾到新疆去调研，发现棉花实行目标价格也很困难。当时的目标价格是 1.8 万，市场价格只有 9 千元，中间的差价国家要给予棉农补贴。补贴的发放涉及很多环节的工作，单是测量种植面积这一项工作就需要政府多次测量，产量的确定还容易出现舞弊等现象。总之，我们的农业政策经历过一段时间的坎坷和弯路。然而经过较长时间的政策回调，各项工作正在步入正轨。历史经验告诉我们，发展农业要靠市场、制度和技术。

三、如何看待我国的粮食安全问题

在讲粮食安全之前，我想强调如下两个事实：首先，中国是世界主要农产品的最大生产国。稻谷、小麦、蔬菜、水果和茶叶，中国都是世界最大的生产国。虽然我国人口占世界的 18%，但 2020 年许多农产品产量在世界的占比都超过 18%，比如稻谷占全球产量的 28%，蔬菜占比超过 50%，茶叶占比接近 50%，猪肉占比将近 40%，鸡蛋占比 35%，水产占比超过 50%。其次，我国是世界第二大玉米和禽肉生产国。2020 年，我国玉米产量占世界的 22%，再过几年可能会成为全球最大玉米生产国。我国的禽肉生产也位居世界第二，占全球产量的 16.5%，仅比美国（17.4%）低不到 1 个百分点。我相信，再过两三年，我国的禽肉产量也会超过美国。

从粮食安全的角度看，大家比较关注的稻谷、小麦、玉米都非常安全。所谓现在粮食安全面临危机，有夸大之嫌。未来我国粮食安全面临的最大挑战是水土资源的短缺。我国仅占全球淡水的 5%，全球耕地的 8%，是世界水土资源最稀缺的国家之一。相关研究表明，未来 50 年，中国水资源短缺将更加严峻。在此背景下，充分利用贸易对保障国家食物安全和耕地永续利用极其重要。

1990—2020 年间，我国进口食用油不断增长。这与中国人的饮食习惯有关，让中国人改变用油习惯，肯定很难。近年来我国玉米进口也在增加，2021 年达到 2800 万吨，2022 年略有下降。对中国这样的大国，除大豆以外的所有农产品进口是有限的（人均进口量小）和可控的。我国的粮食安全问题，某种程度上就是大豆安全问题。令人遗憾的是，国内大豆领域的顶尖专家太少，国家对大豆研发的投入也不多，所以单产很低，农民种植大豆的经济效益低于种植玉米等农作物。

目前我国主要是从北美和南美进口大豆。进口的大豆主要用于发展国内畜牧业的蛋白饲料和满足对食用油的需求。中国老百姓对畜产品的需求不断增长，如果不发展本国畜牧业就只能依赖进口。畜牧业与其他行业不同，存在多种动物疫情，一旦疫情暴发就可能影响进口，进一步威胁粮食和食物安全。从这个角度看，我国的粮食安全问题更多的是畜产品供给安全或饲料问题，而不是口粮安全。

如果中国增加进口，有人担心全球粮食的生产能力和粮食危机风险。让我们看看全球的粮食生产潜力。首先，全球粮食单产增长潜力大。目前有 30% 的粮食来自单产低于 3.5 吨 / 公顷的国家，这样的国家有几十个，粮食平均单产只有 2 吨左右，即使利用现有的技术，增加产量潜力也巨大；更何况未来农业技术还将不断提升。其次，全球有大量的可耕地。联合国粮农组织预测，未来 50 年全球耕地面积还会扩大。目前全球可用耕地为 35 亿公顷，实际利用耕地为 14.2 亿公顷。未开发利用的可耕地主要分布在非洲撒哈拉以南国家、南美和东欧等国家。一旦大豆、玉米等农产品价格上涨，未来会有不少可耕地变为耕地。因此，我们要保障中国的粮食安全，可以考虑帮助这些发展中国家提高粮食产量，这对保障全球和我国的粮食安全都有利。

在过去 100 多年里，不算俄乌冲突带来的区域性粮食价格上涨，曾发生过两次全球粮食危机。

第一次粮食危机是由 1974—1975 年爆发的中东战争叠加自然灾害而导致的。中东战争使原油价格在 1974—1975 年从每桶约 10 美元迅速提高到 55 美元。农产品与原油息息相关，原油价格暴涨也让农产品价格水涨船高。当时世界范围内旱灾较为严重，在两个因素叠加下，粮食危机暴发。大家知道，农产品价格上涨两到三倍，农民会把很多可利用土地变成耕地，出现了粮食过剩，粮食价格从 1975 年开始出现断崖式下跌。这次全球粮食危机经历了一年左右的时间而宣告结束。

第二次粮食危机发生在 2008 年，持续时间也不到一年。这次危机是能源危机叠加生物质能源发展而导致的。2007 年开始出现能源危机，原油价格成倍增长；与此同时，随着生物质能源技术的发展，当每桶原油价格超过 65 美元的时候，玉米、糖料作物、油料作物等农产品作为生物质能源原料更合算，北美和南美等农产品主要出口国把大量以上农产品用作生物质能源原料生产生物质液体燃料。以上两个因素的叠加使国际市场的粮食价格在 2007 年年底到 2008 年 9 月快速增长，但这样的现象仅维持了不到一年，2008 年秋季后价格又重新回落到粮食危机前的水平。

值得一提的是，人们担心全球粮食危机期间粮食贸易会随之减少的现象并没有发生。例如，在 2008 年粮食危机期间，有的国家曾宣布禁止出口，持续一段时间后，禁止出口的政策又被取消了，2008 年和 2009 年的全球粮食贸易量不降反升的事实已经能够说明问题了。只不过大多数媒体仅报道禁止出口的政策，而对这些国家都很快取消出口禁令不做任何报道，形成一种错觉。

全球粮食危机是非常偶然和短暂的。即便是在俄乌冲突的背景下，很多国家的粮食价格仍没有受到影响。只有那些与俄乌冲突关系紧密的国家，其粮食价格在短期内有所提高，但我认为这只是区域性现象。

四、如何解决粮食安全和农民收入问题

我把农村经济转型分成四个阶段。过去四十多年我国农村经济转型已经历了前三个阶段，即从以粮为纲开始，到 20 世纪 90 年代初农业生产向多种经营方向转型，再到本世纪初以来农业劳动力在农业与非农间的分工程度的提高，目前进入了绿色高效的高值农业发展阶段。回顾我国农业走过的路，我认为制度、政策、投资这些因素非常重要，同时它们出台的顺序更重要，即农村经济转型的每个阶段都有与之相适应的制度、政策和投资。

在农村经济转型过程中，农业劳动生产率或务农收入不断提高，这得益于高值农业的发展和非农就业的增长，这一趋势在未来还将继续，是难以逆转的。近年来出台的有些政策，视乎要转变以上农村经济转型发展趋势。例如，为促进粮食生产，高值农业发展面临诸多挑战。又例如，目前鼓励部分人回归农业的相关政策是值得商榷的，因为每个村的耕地和水资源都是有限的，当务之急不是要增加农民数量，而是要削减农民数量，以此不断提高农业劳动生产率和促进农民增收。近年来各地促进粮食生产的一些政策措施更是值得深思，下面列举几个近期我在农村调研过程中发现的问题。

第一，各地政府一谈粮食安全，就是要增加水稻、小麦、玉米的种植面积，这样的思路其实不对，因为我国稻谷和小麦现在都供过于求，库存量可供一年的

消费。由于生产过剩，稻谷和小麦的价格上不去，小麦价格有时甚至低于玉米，小麦做饲料现象并不稀奇。其实在粮食方面，我们缺的是饲料粮，特别是大豆——目前我国最主要的蛋白饲料。

第二，虽然政府有关部门已注意到大豆是威胁国家粮食安全的主要农产品，但促进大豆生产的有关政策措施是不切合实际情况的。例如，大豆生产效益不高，农民缺乏种植大豆积极性，需要政府补贴。大豆亩产只有两百多斤，玉米亩产近千斤。地里种了大豆，粮食产量马上下滑。为了解决这一问题，在许多地方，政府补贴农民采用"玉米大豆带状复合种植"的生产方式，即在玉米间套种几行大豆。其实这是很久以前农民就放弃的种植方式，因为这种复合种植的耕地、除草、收获等田间工作需要人工作业，复合种植方式难以机械化，所以才转成种植单一作物。

政策制定者还忽视了目前国内大豆的特征和用途，从而出现一系列现实问题。国内大豆含油率一般在 15% 左右，适用于制作豆制品，加工成大豆油和大豆粕不合算；进口的转基因大豆因其含油量高达 20% 左右，适用于压榨加工成大豆油和大豆粕（蛋白质饲料）。在国内大豆的生产和需求持平的情况下，国内大豆价格比进口大豆价格一般每吨要高 1000 元左右。当国内大豆生产超过豆制品加工需求的时候，国内大豆价格与进口大豆价格的差价逐渐消失。例如，2022 年通过各种方式扩种大豆，国内生产的大豆超过了豆制品的需求，出现了补贴农民种植大豆、补贴收购大豆和补贴大豆压榨加工使用国内大豆的现象。因此，要替代进口的大豆，首先要做的是加大研发投入，选育出含油率高的大豆，而不是现在就盲目扩大大豆生产。

第三，为保障粮食安全，许多地方出台了支持合作社、企业等生产新型主体的政策，但其实际效果常常相反。已有的国内外研究都表明，农户或家庭农场是最适合农业生产的主体。我最近考察了某省某县 2014 年开始的粮食生产合作社改革试点，情况不容乐观，目前除了一家合作社还在坚持运作（即使是进退两难了）外，实施改革试点的其他合作社都消失了。企业经营粮食生产更是违背了农业生产的一般规律。例如，2022 年 8 月我们在某省多县对土地托管做了调研，主要结论是：一是经营规模扩大了，但单产也显著下降了；二是地租上升，同时挤出许多种田能手从而影响了他们的生计；三是粮食单产从高到低依次为适度规模农户、千亩种植大户、合作社、土地托管的企业或供销社。对企业而言，如果经营 1000 亩，假设每亩地赚 100 元，1000 亩可以赚 10 万元；如果经营面积从 1000 亩增加到 10000

亩，即使新增的 9000 亩每亩只赚 10 元，企业还是要扩大经营规模的，因为总利润可提高到 19 万元。但如果 1 万亩地交给 10 个家庭农场，利润肯定超过 100 万元。更为重要的是，政府补贴这些企业从事粮食生产，单产普遍出现下降趋势。

第四，为了保障粮食安全，近期各地严禁"非粮化"，在实施政策过程中常常出现"一刀切"现象，其效果往往达不到预期的效果。我调研过在现代化的蔬菜大棚里种水稻，或者鱼塘填土后种水稻和小麦等案例，发现他们确实是种了粮食，也完成了粮食种植面积的任务，但有不少是只种不收的案例：因为机械进不了大棚，人工在大棚种粮食成本太高；因为长期养鱼的农户不是种粮能手，播种后继续田间生产作业亏本更大；因为粮食面积是统计出来的，而粮食产量往往是计算出来的。"一刀切"的执行方式，背离了中央制定政策的初衷。

第五，部分地方政府从"退耕还林"转变为"退林还耕"。对地方而言，前几届政府把耕地变少了，现在最方便的达标方法就是变"退耕还林"为"退林还耕"。这样的做法除了能补足耕地数量，别无他用。"退林还耕"的耕地生产力非常低，"退林还耕"也难以提高粮食生产，因为农机开不上去，即使种了粮食，收获也非常困难。

五、未来发展和政策取向

过去四十多年，中国经济结构转型过程表明在农业持续增长的同时，工业服务业以更快的速度增长，所以农业就业和农业 GDP 在国民经济中的占比不断下降，而且前者的下降速度超过后者，从而缩短了工农劳动收入差异。未来还需加快这种经济结构转型的速度，因为只有农业就业和农业 GDP 在国民经济中的占比趋同的时候，才能消除工农收入差距，实现共同富裕，这是我对未来农业发展的两大愿景之一。

要实现全体人民共同富裕或农业和工业服务业的劳动生产率趋同，任务非常艰巨。要在 2050 年基本实现以上目标，我们预测农业就业占比要从 2020 年的 24% 下降到 2050 年的 4.3%，这时的劳动生产率农业比工业服务业还低 20% 左右，农民还是需要从事非农就业才能达到其他国民的平均收入水平。其实农业就业占比下降到 4% 左右的发展目标并不算很高，因为这也只相当于 20 世纪 90 年代末的日本和现在的韩国水平，但这意味着我国的农业劳动力要从 2020 年的 1.77 亿下降到 2050 年的 3200 多万，其中从事种植业的 2900 多万。到 2050 年，即使我国保住了

18 亿亩的耕地红线，平均每个劳动力也只有 61 亩，大国小农始终是我国的国情。

这里我想强调的是：要在未来 30 年减少 1.45 亿农业劳动力，任务是极其艰巨的。因为在过去 30 年工业化与城镇化加速时期，我国农业劳动力也只减少 1.65 亿。2022 年受疫情和总体经济增长减缓等影响，农业就业人数不降反增，恢复到 2020 年的 1.7 亿。要在保障粮食安全的前提下，实现农民增收和共同富裕同样面临巨大挑战。过去十几年，耕地经营规模小于 10 亩的农户占比一直保持在 85% 以上，十年内变化不到 1 个百分点。耕地经营规模这么小的农户如果种粮食，难以保障家庭足够收入；因此，过去许多小农户依靠有限的耕地发展高值农业，虽然市场风险大，但收入也高。现在这些小农户如果继续发展高值农业，不但面临市场风险，而且还面临政策风险。

为此，我提出保障粮食安全并实现农民的共同富裕是未来农业发展的第二大愿景。农业包括种植业和养殖业，但养殖业研究向规模化、企业化的现代化方向转型了，原来农民增收的主要来源之一的养殖业也逐渐被资本或企业占有了，未来发展与现在的农民关系不大了。为此，我们这里主要关注种植业。在种植业，最近我提出"二八格局"发展策略，即种植业需向"二八格局"方向转变，才能在保障粮食安全下，实现大农小农共同富裕。大农占农户的 20%，主要生产粮食等大宗农产品以保障国家粮食安全，靠适度规模经营和政府补贴提高收入；小农占农户的 80%，主要发展高值农业以保障收入增长和国民营养改善，靠不断完善的市场和政策支持持续提高收入。

在未来的政策取向方面，需要强调如下几点：

第一，要真正夯实"藏粮于技、藏粮于地"战略。"藏粮于技"的关键是要提高农业研发投入，目前农业研发的财政支出只有 250 多亿，只是政府对农业农村财政支出总额的 1% 多些。"藏粮于地"的关键是提高耕地的地力，在未来能够产出更多的粮食等农产品，但现实情况正相反——高强度地利用耕地提高粮食产量，耕地的地力和水资源短缺状况每况愈下。

第二，要加快农业产业高质量转型。在保障口粮安全的情况下，农业应逐渐向现代高效绿色的高值农业转型。

第三，要出台实现大农与小农共同富裕的政策措施。种植应向"二八格局"转变，建立分别针对大户与小户的政策支持体系。

第四，要加大实现农民与全体人民共同富裕的政策措施。需要加速发展中小城市、县城和乡镇，为农村劳动力创造更多的非农就业机会。

第五，要促进中国与全球共同发展。要推进全球贸易和完善治理体系；要有应急方案，但不能按应急方案来指导我们的日常发展；要帮助发展中国家提高粮食生产。

（作者系北京大学现代农学院教授、新农村发展研究院院长、发展中国家科学院院士，本文系作者在中国环境和资源经济学协会第二届学术年会上的主旨演讲）

乡村产业振兴问题

⊙ 罗必良

大家都知道乡村振兴是非常困难的事情，我一直在关注谁来振兴或者如何振兴的问题。

一、乡村振兴：谁来（如何）振兴

在农村劳动力大量外流甚至出现村庄空心化的背景下，讨论乡村振兴确实是非常奇妙的事情。靠什么来推进乡村振兴，普遍认为"人、地、钱"是关键。

"人下乡"——让能人下乡、返乡是乡村振兴的根本。但是，在城乡比较收益率差异如此之大的情境下，逐利的"能人"怎么会下乡返乡？

"地盘活"——土地资源的合理配置是乡村振兴的前提。但是，缺乏聚集经济性与规模经济性的情境下，土地怎么能够盘活？

"钱进村"——资金、资本下乡是乡村振兴的重要支撑。但是，水往低处流，钱往高处走，资金怎么可能流向回报率低的乡村？

乡村振兴依赖于要素流动与集聚。如果要素能够自动流向乡村，乡村振兴当然也就不会成为"问题"。

在已有的讨论中，有几类主张值得关注：

1. 新型集体经济——集体经济发展应该是乡村振兴的结果而不是前提，因为集体经济的产权安排决定了能人依赖与内部人控制的内生性缺陷——靠集体经济拉动乡村振兴发展不具有可持续性。

2. 数字化赋能——能够活跃农村产品市场。广东揭阳的普宁市，电商交易已经从 2011 年的 6 亿元增长到 2022 年的 852.78 亿元，从业人数超过 50 万人（占常住人口的四分之一）——但并未支持本地实体产业的发展（呈现"两张皮"现象）。

3. 以乡村"镇"兴推进乡村振兴——用"镇"来带动乡村振兴。推进农村的城镇化，尤其是以县城为主体，包括中心镇在内的乡村振兴，目的是通过县城、中心镇、中心村的集聚发展，来拉动城乡融合发展——但依然是结果而不是前提（或者说是结果导向，而不是问题导向）。

二、乡村产业振兴：相容性逻辑

"人下乡""地盘活""钱进村"，在本质上取决于乡村产业振兴及其可能性——振兴怎样的产业？极具规模经济性或者集聚经济性的产业，显然不适合乡村的产业振兴（最多是产业园区，对众多村庄来说不具有普适性）。

只有那些具备资源依赖性、地理专用性、环境约束性的产业，才可能适宜于广大乡村——可称之为"产业相容性"逻辑，只有在这个地方才能相容。所以适合于种植业、适合于养殖业、适合于乡村休闲，都只是局部而言。

1. 四川彭州的案例：资源（土地）依赖性产业

在四川彭州，资源（土地）依赖性跟产业形成了互补。有一个镇叫作军乐镇，军乐镇的银定新区是一个汶川地震灾后重建小区——占地 106 亩，安置地震灾民 548 个农户。农户集资 1.1 万元购买天竺桂进行绿化，但稀稀落落，树种单一，绿化效果并不好。要想办法把小区变得漂亮，需要解决公共产品的供给问题，但公共产品的供给逻辑是政府投资的，怎么变成产业呢？这是非常难的事情。再增加集资，农户难以承受，如何解决绿化——可以用市场化的办法吗？

都江堰市青城山景观创艺园林公司，经营的一项主业是园林苗木，需要长期占用土地，园林公司以采取承租银定新区空地的方式来寄养花木，把花木栽到小区里，卖一棵补一棵。既保证了绿化效果，还给小区每年 5000 元，并且投资 60 万元进行园林化改造。从这个例子可以看到小区的绿化和苗木花卉产业形成了融合，化被动为主动，是一个将城镇产业（园林业）与乡村振兴（苗木栽培）结合起来的典型案例——工程与设计在城镇，具有土地依赖性的苗木栽培在乡村。

2. 关注生态资产——乡村俱乐部专用性资产

A. 比较优势：与城市相比，自然资源、生态环境与人文景观，是农村的宝贵财富和最大优势。绿水青山是农民拥有的最具天赋性的财富基础。从经济增长的远景来说，绿水青山可以转变为金山银山；从人类终极目标来说，绿水青山就是金山银山，这是乡村产业振兴的禀赋逻辑。

B. 供给侧：从物品供给来说，自然生态与人文生态的不可移动性、不可替代性，决定了乡村产权的资格的排他性；生态容量所决定的消费拥挤，则决定了行为主体的竞争性。作为一种具体集体产权性质的俱乐部物品，生态产权的价值实现不仅具备价值实现的可能性，而且因农民集体成员权的天赋性，决定了生态权益的共享性，这是农民共同富裕的产权逻辑。

C. 需求侧：从经济发展与人类需求来说，随着经济增长与收入水平的不断提高，人类将越发关注生态福利。数字化与平台经济能够有效表达这样的需求——碳汇产业或许是乡村产业振兴的重要方向，这是拓展产业前景的市场逻辑。园林绿化就有这样的性质，可能成为乡村很重要的方面，当然包括传统农业。

村庄集体生态资产应成为农民实现共同富裕的核心基础。著名的云南元阳哈尼梯田农耕系统，就是通过森林、村寨、梯田、水系"四素同构"创造了"山有多高，水有多高，田有多高"这种令人叹为观止的农耕文化与景观奇迹。印度尼西亚巴厘岛苏巴克（Subak）灌溉系统在 2012 年被联合国教科文组织确认为世界文化遗产，因其有效解决了稻田私人产权与灌溉集体产权的冲突，规避了"公地悲剧"而将其转变为"集体的盛宴"，成为注解农民集体及其俱乐部产权安排的成功范例。

俱乐部产权的不可分性，决定了集体组织的功能地位。集体资产的对外排他性、农民成员权的天赋性、生态财富的共享性构成了盘活乡村生态资产，实现农民共同富裕的基本逻辑。最大难题是寻找实现集体资产价值的市场化运作机制——我们提出了一个基于资产性福利改善的农民（户）账户方案。没有相应的资产，没有相应的资源跟他对接，乡村振兴的任何产业都可能是白说。

三、乡村产业振兴：一个案例

2013 年以来，中央财政专项扶贫资金投入规模逐年增加，并从 2013 年的 394 亿元增至 2020 年的 1461 亿元，年均增长率高达 20.59%。中央财政给乡村振兴大量的资金扶持，是否意味着这些钱扔到乡村达到了效果？地方政府配套的财政扶贫专项资金也从 2013 年的 432.52 亿元大幅增至 2020 年的 4143.04 亿元，累计投入规模超过 1.78 万亿，年均增长率达到 38.1%。但绩效分析表明，财政转移支付对地方经济增长的影响是有限的。估计结果显示，财政扶贫专项收入和专项转移支付收入与脱贫地区虚拟变量的交互项均对人均 GDP 存在正向影响，但一般性转移支付收入与脱贫地区虚拟变量的交互项对人均 GDP 无显著影响。

2021 年 6 月，广东省委省政府印发《广东省乡村振兴驻镇帮镇扶村工作方案》，强调帮扶资金主要用于支持巩固拓展脱贫攻坚成果同乡村振兴有效衔接。课题组收集了广东省 2021 年 10 个驻镇帮镇扶村资金预算项目库资料，在 10 镇入库项目中，产业发展立项数仅为 86 个，只占总数 1643 个的 5%，占预算总资金 116.8 亿元的 28%。也就是说乡村振兴的钱大部分被拿去干非产业了，即便这些产业是虚的，发挥的实际效果也非常有限。因此，如何提高帮扶资金使用效率，推进乡村产业振兴，确保农民稳定就业增收，是值得重视的现实重大问题。

2020 年，云浮市新兴县政府与温氏共谋"政＋银＋企＋村＋农户"合作模式，把政府、银行、企业、村庄和农户结合起来，称作"政银企村农"的合作模式，在稔村镇布辰村建设标准化养殖小区。该模式的核心是：整合政府、银行、企业、村集体与农户各自的比较优势，实现"五位一体"的"共建、共营、共享"合作机制。本质在于如何使用有限资金盘活土地资源，带动农民有效就业增收，同时推动集体经济的发展，为乡村产业振兴和壮大集体经济提供了新思路。养殖小区占地 440 亩，共建有 45 栋 H 笼养鸡舍，于 2021 年 4 月投产运营。每年上市肉鸡 1000 余万羽，年产值约 2 亿元。

1. 运作方式

政府投资建设养殖小区——新兴县成立投资平台公司（农业投资开发公司），统筹使用银行专项贷款与驻镇扶村专项资金。政府统一办理养殖用地与环保许可等手续，按温氏养殖小区标准投资 1.13 亿元建成，温氏参与项目选址与验收。

温氏专业化运营养殖小区——养殖小区资产归平台公司所有，托管给温氏运营管理，租期 10 年。温氏每年按投资的 10% 向平台公司支付 1133 万元租金（扣除银行本息后，返回给村集体），并独立承担养殖小区的技术风险与市场风险。

村集体出租土地——平台公司与村集体商定土地流转租赁合同。养殖小区建设共占有集体土地 440 亩，地租每亩 800 元。村集体由此以股份的方式获得集体经济收益。

农户进入养殖小区就业——优先安排返贫监测中三类重点人群就业。已带动本地农民就业 120 人。其中，每 1 个养户（夫妻或亲友 2 人）管理 1 栋鸡舍，每批次 4 万羽，人均年上市量 24 万羽。就业农民人均年纯收益可达 10 万元以上。很好地解决了相对欠发达地区的农民的发展问题。

温氏集团给予全程的服务，在产前进行成本控制，产后市场出清，获得保底利润，这样形成了公司和农户的有效合作。目前，温氏与云浮市合作的养殖小区已经达到 16 个——总占地面积 3196 亩。总计增加本地就业岗位 6000 多个，带动农户 3411 户。预计 2023 年年底，项目涉及的村集体年收入将全部突破 15 万元。

2. 可能的启示

有为政府——发挥政府"有形之手"的统筹协调、政策服务功能，尤其在产业布局、土地利用、环境合规方面发挥了重要的背书功能。

有效市场——整合了银行专项信贷资金、"三农"专项财政扶持资金；成功俘获和生成了农业企业家能力；带动了养殖业向规模化、集约化和工厂化的现代化转型，推进了小农户的组织化与专业化转型。

集体经济——村集体通过"抱团入股"建设养殖小区，盘活了农村土地，推进了土地资源的资产化，保障了集体财产性收入的稳定来源。

该案例提供的答案：（1）谁来推进小农户融入现代农业发展进程？经由市场机制竞争所选择的龙头企业是重要的依托主体，必须强调"公司＋农户"在中国式农业现代化进程中的重要作用。（2）谁为小农户提供要素、技术、管理与市场服务？由龙头企业进行的迂回投资与生产性服务，是小农户卷入分工经济的重要路径。在乡村产业振兴中，诱导农户的农场化、专业化与"车间化"，是将分散的小农户组织起来的重要方式。

总体来说，该模式为盘活农村集体建设用地、优化"三农"帮扶资金配置、发展壮大农村集体经济、拓展农民就近就业空间、改善养殖生态环境、促进农民共同富裕等多目标的兼容做出了有益探索。

[作者系中国农村发展学会副会长、华南农业大学文科资深教授，本文系作者在中国农村发展高层论坛（2023）暨中国农村发展学会 2023 年年会上的主题演讲]

乡村振兴要处理好若干重大导向型问题

⊙ 党国英

　　谈乡村振兴问题，首先，我们要对乡村有明晰的定义。2021年3月，联合国、欧盟、世界银行等国际6大机构做完一项非常重要的工作——对世界人口布局类型做了划分，有利于解决多年来关于城乡区分各说各话的问题。它们把人口布局分成了三个类别：城市——在连续区域的人口密度大于等于每平方公里1500人，人口总量超过5万人，且至少一半人口处于城市设施完全覆盖的中心区；市镇及人口半稠密区——在连续的区域中人口密度大于每平方公里300人、小于1500人，总人口大于每平方公里5000人、小于5万人，且市政设施覆盖的中心区域的人口不超过半数的区域；农业区——以上两类区域之外人口密度小于每平方公里300人的区域。这三个人口布局的区域分布与界限，在我们国家不很清楚，但这个布局概念很重要。人口布局弄清楚，我们才能知道推进乡村振兴战略的更具体的工作目标。

　　从发达国家走过的历程看，市镇及人口半稠密区的存在，对于农业区的发展非常重要。在乡村振兴事业中，将这一区域与农业区统筹运作，才有利于解决我们面对的诸多难题。

　　第一，效率难题。张红宇教授预测到2040年左右，我国农业从业人口占总从业者的比重可能在5%以下，这是一个富有前瞻性的说法。5%的从业者中，有相当比例的是规模经营者。今后，这些经营者和拥有土地承包权但不从事农业的这部分人是什么关系？租佃关系？还是委托关系？长期维持这种关系有利于农业发展吗？我比较怀疑。我的看法是，我们要实现经济上的效率，还是要走

"适度规模经营＋社会分工深化＋社会化服务"这条路，小承包户要实现历史转型，成为真正的非农业人口。但这是一个难点。具体到这个难点，会涉及举家转移难题、小城市发展难题、农产品周期难题，当中还有公共服务的难题。比如，有些地方路修得质量太高，路的密度太大，投入与产出之间差距太大；还有一些公共服务设施的维护成本很高，尤其是水处理单元投入下去以后利用效率不高。当然，这样的难题全世界都有。我通过统计做了数据挖掘，当前我国城市社区相应支出和农村社区相应支出两者差不太多，但是农村公共服务的人口覆盖面小、服务的质量比较差，公共服务存在效率问题。

第二，平等难题。有了规模经营以后，农民收入是不是就提上去了？事实不是这样。当然，如果没有规模经营，农民收入更低。从美国等发达国家的情形看，真正土地经营收入占农民收入的比重在1/5左右，这是个很大的问题。为什么农村有了规模经营之后，农民的主要收入不能提高，甚至比重越来越低？如何确立一种机制，使农业从业者的收入与其他人口的收入能够保持大体一致，甚至前者略高于后者？这也是一个难题。另外，平等难题还有基础性公共服务问题。公共服务要追求可及性，而不一定在小居民点搞"小而全"，但可及性的满足也不容易。

第三，社会治理难题。中央关于经济组织与社会治理组织分开的意见落实了没有？越来越小的乡村居民点要不要继续维持自治组织？社会治理能不能实现城乡一体化？现在的农村能不能承载乡愁？能不能通过城市建设的改善，使城市也能承载乡愁？这些都是难题。随着城市化进程的不断推进，将来会形成乡村地区的人口重心在市镇区域，真正的农业区居民主要是农业从业家庭，他们数量少，且分散在小的居民点上，有的会在自己的农场设立生产与家居一体化的定居点的人口布局。这种情况下，现有的村委会体制还能适应新的居住形态吗？

从发达国家的经验看，解决上述难题大体上需要以下发展行动或政策创新。

第一，要尊重农民自由选择权，包括土地流转、交易的权利，自由迁徙的权利。农民自主选择权得到尊重，就有了一种纠错机制，政府的一些不合时宜的政策就不至于对发展带来太大的负面影响，且好的政策更容易得到落实。

第二，乡村地区必须要有远超农户数量的非农业居民。这些居民包括农业产业链上的其他环节的从业者。但这些居民一般不合适做农场主的邻居，而应该成为市镇居民，为市镇带来一定的人口规模与密度。2万人以上的市镇建成区人口规模是公共服务设施有效运转的必要条件。这样的市镇有可能成为宜居小城市，也有可能成为农业农民服务的区域中心。

第三，市镇要均衡布局。根据我国国情，东中西部的乡村区域的市镇可以有不同的市镇辐射面积，大体上可以设定在 100～300 平方公里之间。荷兰的市镇辐射面大约在 100 平方公里，美国大约在 250 平方公里。这样的市镇密度才有助于解决农民获取公共服务的可及性问题。

第四，农业产业链的重心要下沉。农业产业链价值创造是农产品原料价值的 5～10 倍。必要的农业产业链下沉到市镇，加上其他关联产业，足以支撑一个市镇的繁荣。农民的季节性兼业需求，也可以在这里得到满足，有助于稳定解决城乡收入差异难题。

第五，发展跨行政区的现代化专业合作社。发达国家的农民合作社数量少、规模大，能够将农业产业链的部分价值增值转变为农民收入。囿于行政管理区划制度及村庄管理体制，我国现在 220 多万个农民合作社，基本不能真正发挥合作社的作用。合作社发展必须突破行政管理区划制度规定的边界，在全国逐步培育几十个功能完备的农民合作社，并使其在国际食品市场上具有跨国公司的经营能力，才有助于提高我国农业竞争力。

第六，社会治理实现城乡一体化。未来，农业区居民中产化、低收入人群进入城市将成为大趋势，这需要社会治理城乡一体化。2040 年左右，全国农业从业家庭将不到 2000 万，这时候乡村治理机制如何建立，需要未雨绸缪，提前探索和部署。

我国乡村振兴战略实施的目标区域应该是两个部分，即包含市镇在内的半人口稠密区和农业区。这两个区域的政策重点也应有所不同。城乡融合发展实际上就是要处理好这两个目标区域之间的关系，这是解决乡村振兴诸多难题的关键所在。

（作者系中国社会科学院农村发展研究所研究员，本文系作者在中国经济体制改革杂志社与中共淄博市委联合举办的"新时代党建引领赋能乡村全面振兴暨'淄博实践'现场会"的演讲）

乡村振兴与共同富裕

⊙ 王振耀

我国已经进入高质量发展阶段，在人均 GDP 1 万美元的历史基础上来讨论乡村振兴，在中华文明振兴和跃升的前提下来讨论乡村振兴和共同富裕，与其他阶段的乡村振兴是完全不一样的。就是说中华文明经过了 5000 年的传承，尤其是经过了 40 年的改革开放，特别是到最近两年疫情的考验，中华文明展现出了它独有的特色、独有的优势，因此，在这样两个前提下来讨论乡村振兴和共同富裕。

一、提升乡村应用技术水平

因为有这两个前提，我觉得我们的乡村振兴和共同富裕必须要注意三个出发点：第一就是我们一定是要运用高度发达的生产力来推进乡村振兴和共同富裕。这就和原来不一样。原来的乡村振兴大家只认为是救济乡村，把城市过剩的一些生产力或者说低端的生产力送到乡村；现在就不一样了，在高质量发展阶段，我觉得应该是运用 5G，应用无人机，应用各种各样的先进的装备和技术来发展乡村。

我认为在这方面已经破了题，但是还有一个问题，就是整个乡村的应用技术水平其实还不够高，你要和德国、法国，也包括日本等很多国家先进发达的农业技术来比较，我们这些小型的装备还不普及，还运用得很不广泛。

另一方面，我们需要改善农村的生活条件和生产条件。现在中央其实已经破了题，包括厕所革命、垃圾分类，也包括各种各样的基础设施建设。我想脱贫攻坚的巨大成功，已经让乡村改变了最基本的风貌。但是也要注意像厕所革命、垃圾分类，这样一些改变我们日常生活方式，包括生产方式的很多技术，现在还缺乏理念，缺乏一些技术支撑体系，这一些方面是需要依据高质量发展阶段的要求来推动、来促进、来使乡村振兴和共同富裕具有新的技术格局——发达的生产力水平的格局。

二、注意发现乡村自身价值

第二个出发点是一定要尊重农民的意愿，还要特别注意发现我们乡村自身的价值。为什么这么说？因为中华文明是一个农耕文明，我们这个农耕文明跟其他国家的农耕文明不一样，尤其是与欧美国家的农业经济也不一样，它持续了5000年，它有几个非常独特的特点。

第一个特点，我们的村庄客观上是一个共同体，它有悠久的历史，它有非常特别的机制体制，实际上是一个很好的自治共同体。

第二个特点，这样一个农村村庄的共同体，它有集体经济的传统，这个集体经济正像我们很多专家所阐述的，和一般的城市的集体经济和其他形式的集体经济不一样，这个集体经济它的股份，不能像其他股份那样处理处置，它是不好分的，在我看来它是全世界所特有的这样一种集体经济。

第三个特点，看整个中国农村，我们民族传统的耕读传家，知识分子并不在田地里边劳作，大家不会把耕作当作一个负担，整个家族的传统是耕读传家，一边学习一边劳动，就不像其他民族，他们因为经过了奴隶社会，他们把劳动看作一种负担。我们在这里采莲有歌舞，采菊东篱下，悠然见南山，像陶渊明这样的一些伟大的诗人，他们到田地里去劳作，也觉得悠然自得，是一种喜悦，这是我们民族非常重要的一个传统。

另外，大家也知道因传统而产生的家国情怀，我们的家和国是联系着的，像这样一种传统，我觉得在乡村振兴的时候特别需要发现、需要尊重、需要挖掘、需要发扬。

三、让城市与农村进行多样化对接

第三个出发点是新的历史时期乡村振兴特别需要注意，在城乡之间形成良性互动的机制。不仅仅是宏观政策方面，宏观政策方面的良性互动机制，中央已经跟我们做了一个很好的体制性安排，特别是十八大以来，习近平总书记对于乡村建设的关心关怀。

那么在具体环节上，现在的乡村振兴，特别需要注意推动乡贤回乡，要做社会体制性的改善，让城市社区和农村社区进行多样化的对接。现在已经有一些地方开始这样做了，大的比如说城市之间和省区之间、发达地区和落后地区之间都有对接，但是细节的地方还需要进一步加强。

乡村振兴应该注意借鉴国际的经验和我们中国一些地方的经验，要注意推进艺术振兴乡村，把大地艺术引入乡村，把城市里边高端的一些艺术，现代的艺术，把它引进到乡村，和乡村结合起来，这样建设我们的美丽乡村，建设我们的美丽中国，形成一种新时期的城乡良性互动的机制。

这三个出发点其实是要发现并且升华中华文明。因为长期以来，我们有一种理念认为农村自然就是落后的，应该推进城市化，应该把过去的小农都给它消灭了，要用大生产来进入乡村，将来农村没有了，农民的出路无疑就是进城。

要知道我们中华文明为什么能传承5000年，要真正知道我们农村的价值，非常重要的一点就是我们过去中华文明根在乡村，根在家庭，正是在乡村之中蕴藏着我们的文明之源。

我们不仅是耕读传家，也不仅是家国情怀，各种各样的生产生活方式，包括二十四节气，包括各种各样的这种农耕习惯、精耕细作的传统，一直到现在，不管未来的文明如何发展，这种天人合一的生活方式，也包括生产方式，其实都有巨大的价值。不管将来技术有多么发达，这样一些理念到现在看还是经得住考验，还是具有巨大的价值。

在现代的乡村振兴和共同富裕中要特别注意，真正发现我们乡村的价值，真正把它挖掘出来，然后形成一种城乡积极互动的机制，从而全面促进城乡的整个高度融合，促成我们中华文明的再次跃升。

（作者系北京师范大学中国公益研究院院长，本文为作者在澎湃新闻主办的第四届"责任践行者"年会上的主旨演讲）

热点问题：乡村教育

县域教育生态及其动态均衡

⊙ 杨华

国家"双减"政策在 2021 年 7 月 24 日高位出台，指出不能让教育这一良心行业变成逐利的产业，吹响了教育从产业化回归民生性的号角。

一、公立学校释放教育空间、扰乱县域教育生态

民生性是县域教育的最本质属性。过去十几年，县域教育最突出的问题之一就是中小学负担太重，短视化、功利化问题没有根本解决，特别是民办学校、校外培训机构无序发展，校内减负、校外增负、家庭教育支出剧增、家长被孩子教育束缚等现象突出，许多区县出现了资本主导基础教育的局面。

县域教育生态之所以至此，与 20 世纪 90 年代末以来教育领域的"产业化"及"减负"简单化导向有关。产业化导向将教育当作产业，使各类资本进入教育领域，家长择校有了可能，教育投入的非均衡性被合法化。教育"减负"政策在操作中，被简化为减轻课程难度、减少课外作业、缩短在校时间，而对学生校外时间安排、择校升学应试等缺乏配套改革。这些问题不解决，学生校外时间必然被校外培训、学科作业所填补，或者干脆选择"全天候"在校的民办学校。民办学校、校外培训的发展空间，实质上是公立学校经由教育产业化、教育减负所释放出来的教育空间。

在不同区县，民办学校、校外培训等发展状况有差异，与公立学校释放的教育空间大小有关。公立学校学生在校时间长、学

校能满足教育质量需求，公立学校释放的教育空间就小，民办学校、校外培训的发展空间就有限。反之，若公立学校缩短学生在校时间、校内教育质量降低，学生需要在校外购买教育资源，民办学校、校外培训的市场空间就大。

根据公立学校释放教育空间的大小，可以将县域公立学校、民办学校、校外培训的关系归纳为三种类型：

一是公立学校独占鳌头，民办学校和校外培训零星点缀。教育管理部门对"减负"政策采取应付态度，公立学校依然以应试教育为主，假期补课、晚上自习一个不落，学生的主要时间在校内被课程和课外活动充分填充，学校教育质量能够满足大部分家庭的教育期待。公立学校向外释放的教育空间小，学生不需购买额外的教育资源，当地缺乏教育市场发育空间，民办学校只是满足少数未能进入城区公立学校、又有教育供给能力家庭的教育需求，校外培训主要提供非学科类培训业务。这种县域教育样态现已少有。

二是公立学校占主导，民办学校和校外培训做补充。教育管理部门在一定程度上执行"减负"政策，在课程和课外活动上增加素质教育内涵，取消假期补课和晚自习，减少学生在校时间，但在课程设置、教学目标上应试教育依然占主导。尽管一些农村地区的学校还保留了晚自习的传统，但由于公立学校自身的发展瓶颈导致学校的教育质量、学生应试水平有所下降，以至于一些家庭退而转向民办学校。民办学校可以无视"减负"政策和政府监管，援用过去公立学校的应试教育体系办学，学生的应试成绩较公立学校好，受到一些家长欢迎。课程类培训则可以填充校外时间，提高学生应试水平。公立学校释放的教育空间促进了民办学校和校外培训的市场发育，但是由于公立学校提倡素质教育却没有放弃应试教育，因而还能够满足大部分家庭的教育需求，公立学校还占主导地位，民办学校和校外培训的发展空间不大，只能作为公立学校的补充而存在。这是目前一部分县域教育的发展格局。

三是公立学校衰败，私立学校异军突起，校外培训勉强维持。教育管理部门严格执行"减负"政策，教育督导督查下沉进校，素质教育、快乐教育理念在公立学校盛行，学生在校时间缩短，学生在校所学无法达到应试升学要求，不能满足当地社会的教育期待，有条件的家庭将学生转至民办学校，民办学校从公立学校掐尖招生，破坏公立学校的生源结构，进一步瓦解公立教育。在公立学校接受义务教育变成了兜底教育，民办学校成为家长首选，没有供给能力的家庭才把小孩留在公立学校。公立学校将县域教育空间完全留给了市场，而民办学校独占了这个市场。县域民办学校蓬勃发展，尽可能延长和充分利用学生的在校时间，并在校内满足学生的学科类和艺术类培训需求。因此，民办学校留给校外培训的空间较小，而公立学校的学生多数又无培训支付能力，校外培训也就只有少数能发展下去。这是目前大多数中西部区县教育发展的格局。

不同县域教育格局有差异，与公立学校、民办学校、校外培训三者之间的强弱结构有关。无论是给民办学校、校外培训以空间，还是放任公立学校瓦解、民办学校崛起，都是以"减负"之名把教育当产业推向市场，结果是扰乱县域教育生态，扩大家庭教育支出，加剧教育竞争和焦虑。特别是当民办教育在县域独大之后，县域社会别无他选必被割韭菜。归根结底，县域教育民生属性的基础是公立教育的主导性。

二、县域教育各主体激烈博弈、公立学校无力回应家长需求

县域教育中有多重利益主体，他们在交互作用、相互博弈过程中共同塑造了不同县域的教育格局。

代表中央政府的国家教育部门，最关心的问题是人才培养，为未来国家发展和参与国际高科技竞争培养、储备、选拔人才，以及为居民提供低廉、优质的受教育条件，满足普通家庭的教育民生及向上流动的需求。那么，它就需要在强调和发展素质教育的基础上，弱化但不是放弃应试教育，政策选择上既要加强素质教育、督导落实"减负"政策，又要给予基层一定的应试教育空间。

县级政府（及教育部门）在县域教育上的利益，一是执行上级关于素质教育、"减负"政策的政策业绩；二是以高考升学率为主要指标参与全省竞争的教育政绩，体现在本科率、重本率和清北生数量上。前者被上级主管部门盯着，没做好会受到批评乃至被问责；后者被全县老百姓盯着，没做好会被老百姓骂。然而这两重利益有着内在矛盾，完全执行上级政策，学生应试能力降低，教育政绩就不好看；完全实行应试教育，会有不俗的教育政绩，但可能被上级通报批评，影响主要官员的政治前途。

公立学校的利益依附于县级政府及教育部门，缺乏自主空间。后者需要出教育政绩，公立学校就加强应试教育；后者要落实上级政策，公立学校就搞素质教育、彻底给学生减负。

不同于公立学校，民办学校的利益在于扩大办学规模，最大化获取资本收益。

它要达到这个目的，首先要通过提高升学率来吸引生源。民办教育会想尽一切办法提升学生的应试能力，除掐尖招生、挖骨干教师外，主要就是规避"减负"政策，包括军事化管理、"全天候"在校、题海战术强化、校内课程培训等，实质上是将应试教育进一步极端化。这样，民办学校应试升学业绩提高，获得的县级政策支持会更多，对县域师生的吸引力也就更高，由此形成对民办学校的正反馈。

在县域，中小学生主要来源于两类家庭，一类是占多数的农民家庭，这类家庭采取的是年轻人外出务工、中老年人在家种地的家计模式，年轻人无暇照顾子女，中老年人无能力辅导孙辈学习；另一类是城镇双职工家庭，由于家庭劳动力配置刚性，缺少时间精力陪伴、辅导子女。因此，城乡家庭在教育上的主要利益诉求是子女接受"全天候"的学校教育，并通过应试升学向上流动发展。

在县域教育各利益主体的交互作用和博弈过程中，会形成两种情况：

一是县级政府严格执行国家教育部门有关素质教育、"减负"的政策，加强对县域公立学校的监管，公立学校对标落实政策，导致学生在校时间缩短、学校教育质量下降、学生应试水平降低，从而不能满足城乡家庭的教育诉求；民办学校在教育部门监管之外，不断强化应试教育，实行全寄宿制的封闭化管理，提高学生应试能力和学校升学率，精准对接城乡家庭教育需求。结果是，公立学校生源流向民办学校，公立学校衰败，民办学校崛起。对于县级政府来说，严格执行国家政策，取得了政策业绩，民办学校则创造了教育政绩；国家教育部门推动落实了自己的政策。但结果很吊诡，接受素质教育的学生考不上好高校继续深造，没有接受素质教育的民办学校学生却考上了好高校；有供给能力的家庭将子女送进民办学校接受应试教育，没有供给能力的则被迫留在公立学校接受素质教育。当前中西部地区大量县域的教育正走向这种情况。

二是县级政府有保留地执行国家教育部门有关素质教育、"减负"的政策，一方面严格推动减少在校时间、监控补课、取消晚自习、严禁公布考试排名、增加音体美课时量、增设特色校本课程等，另一方面对布置超量课后作业、改头换面测试形式、利用音体美课堂上学科课程、鼓励学生参加校外培训、乡村寄宿制学校延长晚自习时间等现象睁只眼闭只眼。结果是，公立学校的应试教育还占主体，素质教育在一定程度上中和了应试的程度，降低了学生的应试压力；在校外培训的"加持"下，公立学校尚能满足城乡家庭的教育需求，也能为县级政府创造教育政绩；民办学校和校外培训有所发展，但没法动摇公立教育主体地位；公立学校学生负担减下了一部分，素质教育在公立学校生根发芽，国家也算是实现了其大部分意志；城乡家庭大部分仍选择公立学校，民办学校也能满足一部分家庭的需求，校外培训成为多数家庭的选择。在这种情况下，县域教育各利益主体在博弈中各得其所达至均衡。

上述两种情况均存在一定的风险和问题。县级政府严格执行政策的后果是公立学校无法回应家长的诉求，导致公立学校的衰败，以及受教育者因家庭经济实力而形成的教育分化与发展排斥，不同家庭的孩子接受的教育不一样，发展机会亦不相同。县级政府在政策执行中有所保留的后果则是，学生及其家庭面临着日益加重的学业负担与培训负担，精神压力和经济压力倍增。两种选择都无法回应学生及其家庭所遭遇的教育困境，这无不昭示着我们需要正视县域教育的发展取向。

三、民办教育和教育城镇化破坏县域教育完整体系

县域教育是一个完整的体系，完整性是县域教育公平的前提，包括三个方面：

一是县乡村教育的完备性。县乡村三级分布不同的学校，完成不同的教育功能。村级设置村小，便于农村学生不脱离家庭环境就近接受完全小学或小学低年级教育。如果村小人数较少，则在中心村设立片小，或在有条件的地方将学生集中到乡镇中心小学。在乡镇一级以中心校为基础设置乡镇初中和中心小学，小学高年级和初中可实行寄宿制。集中办好乡镇中心校教育可以让乡村学生就近低成本接受良好义务教育。在县一级则要办好数所高中，根据县域人口分布设在不同片区中心乡镇，县城则应集中办好一到两所高质量高中，以满足全县对教育高质量出口的期待。村（片）小—乡校—县中构成了县域教育完备的体系。

二是县乡村学校的规模性。县乡村各级学校都需要适度的规模，否则就难以形成教与学的气氛。100人以下的小规模学校不成规模，小学班级低于20人、中学班级低于30人也不成规模，难以营造学校或班级氛围。在适度规模以下的班级，学生之间分层结构不明显，班上难以形成"比学赶帮超"的竞争梯度，学生学得没动力，教师教得没成就。超过66人以上的大班额制也会影响学生管理和教学秩序。当前农村小规模学校的大量存在，既没有效率，也不可能有实质公平。

三是城乡教育质量的均衡性。城乡学校教育质量不均衡，就会导致乡村学校生源向城区流动，破坏乡村学校的生源规模和梯度结构，师资进一步流失，乡村学校衰败，进而破坏整个县域教育的完整性和系统性。影响城乡教育质量均衡性的因素很多，首先是生源结构的均衡，乡村优秀生源不流失，能够确保学校以榜样学生带动、鼓舞其他学生，优秀学生较好的升学出口能够吸引和留住优秀生源，

形成良性循环。其次是师资结构的均衡，乡村有经验的骨干教师不流失，在教师队伍中可以形成传帮带的梯度或年龄结构，提升教师整体水平。最后是其他软硬件的均衡，包括管理、教研、培训、激励机制、办学理念、资源投入等。

当前破坏县域教育完整性的因素主要有两个：

一是民办教育的发展。民办学校通过极化应试教育首先抽空公立初中教育，县域小学毕业生要想进好学校读书只有两个选择，要么进私立初中，要么跑到外地找好的公立初中；再通过"掐尖""初高中剥离"等方式瓦解公立优质高中；跨区域集团化办学的私立学校还"掐尖"县域生源，破坏县域高中生源结构，搞垮"县中模式"，瓦解整个县域基础教育体系。

二是教育城镇化的发展。近年来，许多区县推动了"教育新城""教育地产"等教育驱动型城镇化模式，把大量优质教育资源和公共财政资源集中到新城，打造明星学校、亮点教育工程，吸引农民进城买房、供子女上学，抽走乡村优秀教师。教育新城模式人为打破了城乡教育质量均衡，拉大城乡教育差距，搞垮"乡校模式"，导致了教育竞争从学生个体奋斗到"拼爹拼妈"的转变，剥夺了农村学生接受均等教育的权利，使他们还没开始努力就注定了失败。

四、"双减"政策让县域教育回归初心使命

国家的"双减"及民办教育改革新政策，让县域教育重新回归民生属性和个人奋斗属性，让公立学校和校内学习主导县域教育，这是重建县域教育体系的"关键一招"。除此之外，还要寻找到县域不同层级学校发展的结点，再造县域教育均衡结构。

"乡校"是第一个结点，它集全乡镇生源，能够保障生源的规模结构和梯度结构，可以激活校内外资源和教育比较优势，形成与城区学校相媲美的发展能力和竞争实力，保障农村学生享受公平的教育资源和教育权利。"县中"是第二个结点，它集全县优质生源和师资，以应试教育为主轴，通过合理的时间管理、考试管理、经济激励等机制，围绕高考目标开展教育教学活动，为县域社会提供了一个可供期待的教育出口。

（作者系武汉大学社会学院教授、博士生导师）

县中拔尖生培养的意义与策略

⊙ 雷望红

近年来，国家不断三令五申不允许高中在高考后宣传清北生、文理科状元。在《深化新时代教育评价改革总体方案》中规定，不得通过任何形式以中高考成绩为标准奖励教师和学生，严禁公布、宣传、炒作中高考"状元"和升学率。在高考出成绩之后，为了避免学校或地方政府宣传高考状元，进入全省前20或前50名的学生的分数会被屏蔽掉，只显示"恭喜你进入全省前N名""你的位次已经进入全省前N名，具体情况请于N日查询"的信息。但是有趣的是，国家不允许明目宣传，但是不少地区却采取"花式宣传法"，比如以芒果、玉米、葵花、枇杷、螃蟹等食物暗指上清北的人数、一本上线人数或本科上线数。同样，在县域社会中，下至普通老百姓，上至政府部门和地方公务人员，包括学校教师，无不希望县城每年都能够有考生上清北。如果一个县城一年能够考上1～2个清北生，当地百姓就会觉得本地教育还有希望，当地教育主管部门和县委县政府主要领导会觉得脸上有光；如果一个县城连续几年没有清北生出现，当地百姓可能就会对当地的教育感到失望，有能力的家长会设法将自家孩子送到教育高地就读，当地政府也会感觉到十分恐慌而不断向学校施压。那么，为何会出现国家政策和社会表达之间的冲突？为什么县域社会每年高考都需要出现以清北生为代表的拔尖生？

一、县中培养拔尖生的功能意义

对于一个县城而言，能够培养出清北生具有重要意义。可以从四个层面进行理解：

一是象征意义。清北生对于县域社会而言，就如同"向上的一束光"。县中在高考时的表现代表着一个地区的教育实力，如果没有培养出清北生，意味着这个县的教育实力有限，导致县域社会和县级政府对当地教育失去信心。然而，只要这个县城还能培养出清北生，具有一定的教育实力，老百姓就还会保持对县域教育的信心，愿意将小孩放在本县就读。

二是稳定意义。在县域社会和学校中，由于学生资源禀赋的差异，会形成不同的生源结构。按照学生成绩的比重来看，生源结构主要可以分为三种类型，包括金字塔结构、橄榄形结构和倒金字塔结构。金字塔结构是后进生最多，中等生其次，优秀生最少。橄榄形结构是中等生最多，优秀生和后进生的比例相当。倒金字塔结构是优秀生最多，中等生其次，后进生最少，这类结构的学校极少，一般主要是省市的"超级中学"。一般来讲，一所学校较为良性的生源结构是橄榄形结构，即学校拥有一定比例的优秀生源，这些学生不仅能够在学校获得成长，也能够带动其他学生的发展。如果县中学生有考上清北的希望，那么本县最优秀的初中毕业生就愿意留下来，而次优的学生也会因为最优学生留下来而选择留下来，从而保障县中维持完整的生源结构，并形成一定的学习氛围和带动作用。

三是管理意义。对拔尖生的培养，是学校内部培养体系中的重要一环。在学生入学后，学校会对学生进行分类管理和分类培养，使得学校教师配置最优化。而对清北生的培养、双一流高校学生的培养、普通一本学生的培养及其指标设置，有助于调动学校教师的积极性，从而形成教师在校工作的节奏感，使之进行良性有序的时间安排。如果一个学校没有清北指标要求，只有容易够得着的一本上线率，那么老师们很可能按部就班地工作，而不会积极地调动自我和主动创新。因此，具有不确定性的清北指标虽然构成了教师的教育压力，但是也将老师们充分调动起来，有效地激活了老师的教育势能。指标调动是激活老师的关键因素，不过要充分调动教师，还需要允许学校通过高考奖形成激励反馈，不然单纯依靠指标压力激励教师也不可持续。总结来讲，清北生培养能够激励教师和激活教师队伍，一方面是依靠培养拔尖生所获得的职业成就感，另一方面则是依靠培养拔尖生所获得的物质奖励。清北生培养过程中的管理功能，在于为教师带来了"发展的一口气"，这口气使得他们通过自身努力和学生努力，实现教育能力的突破，这股气既是自身的骨气，也是县域地区的骨气。

四是释压意义。随着省市"超级中学"对县中形成强大的虹吸效应，县中的发展举步维艰。问题在于，一些县域社会的初中优秀毕业生进入"超级中学"之后，不适应"超级中学"的学习模式和压力环境，高考成绩发挥不理想。此外，由于"超级中学"优生云集，学生内部的竞争过大，反而滋生了一些不必要的压力，"超级中学"中越来越多的学生因学业压力过大出现心理问题可以从侧面予以证明。根据我们的研究判断，学生的高考成绩实际上更多地取决于自身，教师是重要的因素，但是最为关键的还是学生自身。因此，如果县域社会的学生留在县中就读，优秀的学生依然能够得到培养，同样能够进入心仪的大学，而在县中就读的竞争压力没有"超级中学"大。

也就是说，保持县中培养拔尖生的能力，不仅对于学生个体而言具有重要意义，而且还具有重要的正外部性，即有助于提振教师、学生、学校、地方政府和地方社会的教育信心。因此，振兴县中，极为重要的一点就是要继续保持或恢复县中培养拔尖生的能力。

二、培养策略：指标运作与经营升学

对于县中而言，培养清北生具有多重功能意义，但是目前县中要培养清北生，却面临着两重难以改变的困境：一是省市"超级中学"对优秀中考生的掐尖；二是在日趋复杂的高考制度下，县中的应对能力不如"超级中学"。一方面，高考制度进行改革后，县中要适应新高考制度的难度大，比如在分班、教师配置、课程跟进等方面不如"超级中学"。另一方面，现在的高考机会结构变得复杂，高考的考试次数增多，不仅有会考（学业水平考试，又称"小高考"）和正式高考，一些双一流学校还拥有一定的自主招生空间，通过特殊类型招生降分招收高考毕业生，比如有强基计划、综合评价录取、高水平艺术团、高水平运动队、高校专项（针对农村户籍学生）、国家贫困专项计划等。这就意味着，县中要培养出清北生，需要积极捕捉和经营这些机会。

县中为了将一些优质生源送到清华、北大，会潜心钻研清华、北大两校的招生政策，尤其是清华的"自强计划"和北大的"筑梦计划"。这两项计划是针对长期学习、生活在农村地区、边远贫困山区或少数民族地区但自强不息、德才兼备的高中毕业生而设。在高考前，高校会针对学生的材料进行审核，审核通过之后，可在高考结束后进行笔试、面试和实地考察。高校综合材料审核、笔试、面试和实地考察的综合情况给予通过者降分 30 ～ 60 分录取的优惠政策。

县中为了确保每年有学生可以考上清华或北大，学校会采取一系列的步骤进行长线准备。第一步，从学生入校开始，学校会根据学生的中考成绩或入校考试成绩进行分班。国家不允许划分重点班，但是由于县中的师资力量受限，又有培养清北生的压力，因此会暗地里划分重点班。在过去，县中会将班级划分为三轨或四轨，现在一些县中则划分为两轨或三轨，其中会专门设置几个重点班级。由于学生的成绩会出现一定的波动，因此为了更为精准地选择合适的种子选手，学校会在高二结束时进一步对学生进行划分，比如湖南 L 县二中会从中挑选出 20 人，对他们进行针对性培养，这些学生作为冲击 985/211 院校的主力，其中有几位同学则作为冲击清北的关键选手。

针对重点班学生和优秀种子选手的培养，学校会在师资力量和时间安排上予以倾斜。在师资力量的配置上，会优先为重点班级配置经验丰富、责任心强的教师，并在特殊时期为种子选手安排专门的教师进行辅导、答疑。在时间安排上，重点班学生和优秀种子选手补课时间更长，晚上下晚自习时间更晚，放假的时间更少。总体而言，这些优秀学生花费在学习上的时间会更多，他们的学习会存在制度加码和自我加码。

进入高三之后，学校还会从种子选手中进一步选人，作为清华北大的冲刺者。如果获得了清华"自强计划"或北大"筑梦计划"的名额，学生可以降分进入清北，因此，学校会竭尽全力争取指标。一般情况下，边远、贫困、少数民族等地区的省级示范性高中一般会有 1 个名额。如果有幸获得名额，学校就要开始为冲刺清华"自强计划"或北大"筑梦计划"做准备。由于两大计划看重学生的综合素质，需要通过综合材料、高考成绩、高校考试和高校面试等情况进行全面考察。综合材料需要在高考前准备好，材料准备具有一定的策略性，比如清华的"自强计划"采取中学推荐的方式报名，中学负责人需要对推荐学生思想品德、家庭状况、成长经历、特殊事迹等情况进行详细描述，并由报名学生根据自身个人兴趣和志向撰写一篇申请材料。县中为了依靠材料打动高校审核人员，需要在材料撰写上下功夫，由于此项计划是针对农村生源学生，因此在学生基本情况的撰写中，就要尽可能体现优秀学生的"寒门属性"，换言之，就是要将学生"写穷"一点。此外，既然高校强调的是学生的综合能力，在由学生个人撰写的材料中，要充分体现出学生的"学术性"或学术能力，如要参与某些竞赛、参加一些课题项目。有的县中为了让学生的材料更好看一些、通过率更高一些，会提前筹备课题参与，由老师牵头，学生挂名。挂名的学生会进行精准考量，主要是挂名那些潜在的种子选手。因此，学生培养过程的"精准选人"贯穿于人才培养的全过程。

如果综合材料通过了清北的审查，在高考结束之后，清北就会组织学生进行高校自主命题的考试，考试出分之后，过了分数线的学生可以进行面试，三项均通过了，可以加分30～40分，如果只是通过了材料审查，但是未过高校的分数线，也可以加20分。那么，待高考成绩出分之后，学生的高考裸分加上加分成绩，如果过了清北的录取线，学生就可以被清北顺利录取。

对于县中而言，在初中优质生源不断流失的情况下，学校要依靠裸分上清北的难度越来越大，因此，不得不花费更多的时间、精力到种子选手身上，尽可能借助政策优惠将他们送入我国最高学府。由于新增了一些机会，县中在拔尖人才培养中获得了一些新的希望。不过，需要注意的是，在对拔尖生的人才培养过程中，学校同时也陷入了两个困境：一是风险规避困境。尽管县中获得了一些清北等知名高校政策加分的机会，但是这一机会获得具有不确定性，谁能获得这一机会不确定，因此学校需要将最优秀的学生选拔出来进行培养，但是所选拔的学生可能依靠裸分进入清北，而排名稍微靠后的学生可能需要依靠加分进入清北，但是学校不敢将名额安排给次优的学生，不敢奢望将更多的清北生送到清北。这就如同赌博一般，因为害怕选错人失去加分机会而不愿意将宝押在多人身上。二是资源分配困境。县中为了让最优秀的学生进入清北，学校安排了专门的教师进行指导，集中精力培养种子选手，在一定程度上必然会影响到其他学生的资源使用，导致一些学生的成长被忽略。

三、县中拔尖人才培养背后的问题

县中是否具备拔尖人才培养能力，是否能够培养出拔尖人才，对于县中教育的发展具有重要意义，是能否提振县域教育信心的关键要素。在县中拔尖人才培养的背后，还有两个关键问题值得思考。

一是拔尖人才的培养层级问题。当前"超级中学"不断地扩张自身在地区的影响力和招生势力范围，将县域社会的优质生源吸纳到"超级中学"中，致使县中逐渐失去了拔尖人才培养的基础条件。然而，"超级中学"将大量县域社会的优秀生源吸纳到省市中之后，这些孩子的发展境况可能也并不如人意。具体原因不得而知，但是由于"超级中学"优生云集，尽管考取名校的机会较多，但是清北名额毕竟有限，因此在优生之间会形成极为激烈的竞争和较量，使得学生的学习压力过大，精神高度紧张。相反，县中的学生虽然存在一定的竞争，但是学生之间有一定的层次差别，所以彼此之间的竞争性不强，更多的是合作或互助关系，即优秀学生帮助和带动中等学生，中等学生帮助和带动后进学生，而中等学生和后进学生对优秀学生的肯定和赞美，又让优秀学生们产生荣誉感和价值感。从竞争烈度的角度来讲，"超级中学"的竞争烈度远胜于县级中学，若竞争烈度过大，反而不利于学生的学业发展和心理健康，因此我们需要进行生源的平衡，将县中作为拔尖人才培养的重要层级，在县中，优秀学生不仅能够被积极培养，而且能够产生诸多的正向效应。

二是高考制度的简约性问题。县中在培养拔尖人才的过程中，虽然借助了一些政策优惠，但是由于高考机会结构的复杂性，使得县中在使用优惠政策的过程中也耗费了不少时间、精力。如果我们从省域范围的结果来看，最后考上清华北大的学生，无论是在"超级中学"还是在县中接受教育，他们大概率都会考上清北，但是现在高考制度越来越复杂，而县中应对复杂高考制度的能力有限，因此使得县中不得不耗尽心力去创造学生上清北的机会。实际上，县中造材料的过程，主导的是学校，学生的综合素质并未得到体现，也就是说，所谓综合素质能力只是形式能力。如果恢复简约的高考制度，使得高考以学生的高考裸分进行 PK，可能对于县中而言，反而更加公平，对于学生而言，也更加贴近他们的实际能力。

（作者系中南大学公共管理学院讲师、硕士生导师）

县城建设要慎重，教育兴城不足取

⊙ 易卓

近日，中共中央办公厅、国务院办公厅印发了《关于推进以县城为重要载体的城镇化建设的意见》（以下简称《意见》），其政策意涵是要继续进行扩权强县赋权改革，给县城建设和县域发展更大的政策空间，意图把县城打造为县乡村三级体系的中心枢纽，设置成农民城镇化、进城就业定居的主要层级。

然而，结合近些年调研的情况来看，地方县级政府普遍都在开展激进的"造城运动"，投入巨量公共资金制造城市景观，统筹教育等公共服务资源向县城集中，吸引农民进城购房为政府的城镇化目标买单，尤其以"教育新城"与"教育兴城"模式最为突出。当前，我们调研过的几乎所有的县级政府领导，都有强烈地打造经营县城的动力，但无不潜藏着巨大的系统性风险，现在的县城建设体制的问题不是缺少政策空间，而是发展过热，已经完全处于透支状态。县城建设要慎重，教育新城模式不可取。

一、从"教育新城"到"教育兴城"

近几年在基层调研，发现"教育新城""教育新区"以及"教育工业园"等新词汇不断地出现在县级政府的建设发展规划中，并且也几乎都在紧锣密鼓地进行施工建设。可以说"教育新城"已经成为当前中西部地区县城建设与城市发展的主流模式，值得分析和关注。

所谓的"教育新城"，简单来说就是县级政府在已有的老城区之外，单独规划一块面积很大的城市建设用地，然后在这块区域集中进行市政基础设施建设、优质教育资源和其他公共服务资源积聚以及房地产市场开发。

通过观察各地方县政府开展得轰轰烈烈的"造城运动"，就不难发现当前的教育新城开发模式的一些共性特征：

第一，热衷于"教育新城"开发模式的以中西部普通县域为主，并且绝大多数都是农业县，以笔者在湖北5县市调查的情况来看，其中有4个县市都规划了教育新城的城市化建设项目，并且几乎全部完成了新城建设，也就是说县级政府已经实打实地投入了公共财政资金和项目资金，真金白银地花了出去。

第二，所有的教育新城建设都投资巨大，数额惊人。我们调研中所看到教育新城的设计规格都极高，政府投入的建设成本都极大，新城整体的建设风格气势恢宏、比欧仿美，完全能够媲美国内一线城市的基建水准。例如，湖北W县从2013年开始在县城城东规划建设教育新城，占地总面积15平方公里，规划人口总量15万人。各种市政工程、基础设施、学校医院、人民广场、休闲公园、文体场馆等各项总投入超过110亿元，光是请中央美院设计新城规划就豪掷900万，地方官员自豪地说："我们教育新城的建设目标是50年不落后。"另一S县在城西高铁线附近规划教育新城，计划投资33亿元。B县近些年的城区建设也投入有100多亿元，一年使用的建设用地指标就达到2000亩左右。还有A市（县级市）近些年开展新型城镇化补短板项目，总计划投入666亿元，其中政府公共财政投入就有210亿元，不可谓不指点江山、挥斥方遒！

第三，与如此庞大的新城建设成本和政府投入形成鲜明反差的是，大搞新城建设的这几个县全部是人口净流出县，这些精致化的城市景观鲜能发挥效能，远远超出本地城乡居民的实际需求。如W县户籍人口有110万，每年外出务工的人口就有30万人，县城常住人口只有20多万；X县总人口仅100万，常住人口仅70万人，而县城常住人口则更少；T市人口外流则更为突出，全市户籍人口158万，每年外出打工人数近40万，据最新"七普"统计数据显示，县城区的常住人口已不到30万人。一到晚上在这些新城区的主街上散步，明显发现周边小区没有几家灯火，人气不足。

第四，更为吊诡的是，搞教育新城开发的县市不仅人口外流，而且地方财政也相当薄弱。中西部县城普遍缺乏工业、制造业基础，无法达成最低规模限度的产业积聚，这也就意味着地方的财政税收相当匮乏。此外，因为缺少制造业基础，第二、三产业就没有发展的潜力，因此也就不能为所有县域人口提供充分就业，这也是为什么当地人口大量外流的根本原因。调研的 B 县、W 县、A 市、S 县去年的一般公共预算收入分别仅有 6.14 亿元、20.67 亿元、14.23 亿元和 7.3 亿元，这与各县建设教育新城所投入的建设成本相比根本就不在一个数量级。

第五，县级政府有意识地将教育资源向新城集中，吸引农民进城。教育新城自然离不开教育，调研县所依托的新城开发模式，无不是把优质教育资源集中打作广告。W 县规划的教育新区，仅新建学校就已投入公共资金 13 亿元，预计增加学位 1.3 万个：一所公立幼儿园占地 18.8 亩，耗资 1.8 亿元；两所公立小学，占地 152.42 亩，增加学位 3000 个，耗资 1.7 亿元；一所公办初中，占地 212.12 亩，增加学位 4600 个，耗资 2.8 亿元；一所公立高中，占地 261.45 亩，增加学位 5000 个，耗资 3 亿元；青少年馆 26.8 亩，耗资 1.7 亿元。这些学校周围遍布房产，且全部被划为学区房，其中一所小学，投资 6600 万元，增加了 2200 个学位，招生三天就全部招满。A 市近些年也在紧锣密鼓地集中教育资源到县城，总共新建和改扩建的学校有 10 多所，增加义教阶段学位 2.7 万个，据测算光土建成本就需要县级政府筹资投入约 7 亿元，相比之下全市每年投入乡村学校中的项目资金加起来不足 2500 万元。优质教育资源向新城集中吸引大量农民家庭进城买房，希望让小孩享受房产所在"学区"内更好的教育机会。据了解，调研县城的房价普遍涨到了 5000 元/平方米，在县城购买一套商品房要花 60 万元左右，这相当于普通农民家庭 5～8 年的经济纯收入，很多农民为了进城买房供子女读书不惜欠债。

通过对各个县级政府"大干快上"建设的教育新城进行一个白描，就不难看出，所谓的教育新城其实是地方政府的一种政绩经营策略，即通过把优质教育资源向城区集中，刺激农民的教育需求和教育预期，诱导农民进城买房以获得更好的教育机会。这样一方面，可以通过刺激房地产经济获得土地财政收入；另一方面，所有的市政建设、基础设施投资都可以算作地方发展 GDP，属于看得见、摸得着的政府考核政绩。因此"教育新城"也可以看作是"教育兴城"，也就是把教育作为撬动农民进城买房消费的杠杆，这样一举两得的好事，地方政府当然愿意去做，但还有个关键问题是，钱从哪来？

二、"教育兴城"的钱从哪里来

很显然，仅仅依靠县级政府那点微弱的财政收入是不可能支撑起如此巨大的城市建设成本的，而从中央、省级下来的转移支付资金基本都投入了"保民生""保基本"领域，如"三农"资金、基本公共服务资金，且都是专项"戴帽"资金，也不大可能用于新城建设。那么，在巨大的新城建设投资与微小的政府财政收入之间所产生的缺口如何弥补呢？地方政府找到了平台融资这个捷径。

大概与新城规划建设的同时期开始，许多县级政府就成立了各式各样的项目平台公司、城投公司、土地公司等，它们都属于国有公司，划国资委管理。这些城投等平台公司最主要的任务就是为城市建设所需成本进行融资，融资的主要渠道就是银行借款和发行城投债还包括政府一般债。前些年城投集团以政府财政税收作为担保，与银行签订借款合同，在中央防范金融风险的政策出台后，银行只接受城投以有潜在开发价值的土地作为抵押物，因此保持土地价值就成为能否获得融资贷款的关键环节，吸引农民进城刺激房地产经济自然成为最为有效的土地保值手段，那么也就不难理解地方政府为何如此热衷于以教育为手段来吸引农民进城，就是因为对于绝大部分居民家庭而言，教育无疑是刚需。

教育驱动农民进城维持土地价值所撬动的融资规模相当可观。调研县政府每年给城投公司下达的融资任务一般在15亿～40亿元之间，远超地方财政税收收入。可问题就是，这些借的钱总是要还的，不仅要还本金而且要还利息，据测算每个县每年光是还本付息的压力就在15亿元左右，这也就意味着地方政府搞教育新城开发所借的钱大部分都要用来还利息，而在这个借新还旧的过程中，地方政府的负债情况就会不断恶化，其中政府欠债最多的有125亿元，最少的也有70亿元，其中还有隐性债务的问题。

因此，地方政府的教育新城发展模式就会陷入绝对的恶性循环。一方面，地方政府为了做发展政绩、打造县城工程，集中教育资源和财政资源进行新城区建设，并利用平台公司融资获取城市建设资本。农民大量进城对城区公共服务产生巨大压力，倒逼县级政府不得不继续集中公共服务资源并借款建设；另一方面，地方财政匮乏使得政府不可能依靠自身财力来还本付息，就只能继续借钱"拆东墙、补西墙"，想借钱就要吸引农民进城买房维持土地价值，那就得继续依赖教育新城开发模式。如此一来，城乡教育差距和教育资源配置越来越失衡，农民进城压力越来越大不得不进城买房，而地方政府债台高筑，只能维系"借贷建设－推动农民进城－维持地价融资－还本付息－继续借贷建设"的恶性循环，金融风险系数陡升甚至有破产的风险。

三、县域发展、县城建设如何定位

《意见》指出："促进县城产业配套设施提质增效、市政公用设施提档升级、公共服务设施提标扩面、环境基础设施提级扩能，增强县域综合承载能力，提升县城发展质量，更好满足农民到县城就业安家需求和县域居民生产生活需要"，建立多元可持续的投融资机制，鼓励银行业金融机构增加中长期贷款投放，支持符合条件的企业发行县城新型城镇化建设专项企业债券。这事实上是要赋予地方政府以更多的资源工具和政策空间来打造县城。

尽管《意见》对县城发展作了分类考量，但是各地政府已经普遍开始新城开发模式，这种模式以城乡公共服务尤其是教育供给失衡为代价，许多地方为了给城区学校快速补充教师，不惜从乡村学校中抽调上百名骨干教师进城，而给农村学校则以代课教师作为补充，可以说凡是搞教育新城的地方，城乡教育失衡问题都极为严重。更重要的是，最新文件无疑给县级政府的新城开发模式提供了更大的政策鼓励，会加剧地方政府依赖教育新城开发路径，但这种县城开发模式伴随着巨大的风险，不仅透支农民家庭的经济积累，刺激农民教育焦虑，而且政府债务问题突出，陷入借钱还债的恶性循环无法退出。

2021年，"十四五"规划明确提出要"统筹县域城镇和村庄规划建设"，"强化县城综合服务能力"。县域发展应当与地方经济实力和社会基本情况相匹配，并着重突出其统筹城乡基本公共服务一体化的功能定位。县城作为基础公共服务的重点层级，不应当是以激进教育进城为代价来剥削农民家庭经济积累，更不是要借钱搞高大上的县城景观。对于占中国绝大多数的县城而言，都没有充足的地方财力去搞上档次、讲气派的县城建设。在当前农民快速城镇化，尤其是进入东部沿海大城市打工的时代背景下，县域发展的工作重心要放在为城乡居民提供公平且有质量的基本公共服务上，解决农民家庭发展和外出务工的后顾之忧，继续释放劳动力价值。而不是刻意制造城乡公共服务失衡来倒逼农民进城买房，剥削农民的劳动所得和家庭积累，更不是无限制地利用融资杠杆，欠债发展，这种取向的县城发展缺乏根基，必然会留下隐患。

县城发展如何定位需要理性的思考和慎重决策，教育新城的模式不可取，县域经济也不可能建立在债务风险激增的透支发展基础之上。

（作者系武汉大学社会学院博士后）

叛逆的"乐趣"：县域中职玩乐文化的形成与运作
⊙ 袁梦

虽然中职学校总体以"技能学习"为目标，但是从中职学生角度来看，他们却试图延续在初中阶段习得的看小说、玩游戏、谈恋爱、刷视频等行为，并力争让玩乐文化更加突出。因此，经历中考分流以后，青少年群体呈现出两极分化：一方是内卷激烈的普高世界；另一方却是娱乐至上的中职世界。

既然玩是中职青少年生活的重要部分，那他们为何沉迷于玩乐之中？在外界看来的"不务正业"对于他们来说又有着怎样的意义？只有通过深入青少年自身对这些玩乐活动的主体理解，或许才能找到成年人世界与青少年世界沟通的桥梁，而不只是依靠强硬的规训或者冷漠的拒绝。

一、娱乐世界：中职青少年玩乐文化的表现

中职青少年的玩乐文化建立在各种各样的娱乐活动之上，他们的目的主要是"找乐子"。但什么是乐子呢？正如教师们评价，"他们除了学习，什么都感兴趣"，因此与学校制度提供的学业无关的活动都有可能成为他们乐趣的来源。

从当前实践来看，他们最为典型和普遍的娱乐活动首先是网络游戏（以手机游戏为主），其次是网络小说，再是线下消费和体育运动，如逛街购物、喝奶茶吃东西、去 KTV、打台球、去酒吧等。除此之外，还会将一些原本非娱乐性的事情进行娱乐化操作，最典型的是恋爱、抽烟。这些能够成为中职青少年青睐的活动，并

不是偶然的，相反这些与这一群体的结构特质存在亲和性。

1. 非主流

中职青少年通常是作为学校制度的"叛逆者"而存在的，因为他们在学校规范中难以有自我认同感、成就感和价值感，或者认为学校规范过于无聊。在这种情况下，为了寻找自我价值和独特性，"另辟蹊径"的生存方式和生活态度就会异常吸引他们。因此，面对现实社会中各种不同于学校规范的非主流文化，他们就能有非常强烈的认同感，比如混混文化、娱乐文化、时尚文化等。这些文化当中宣扬的通常是"权威形象""讲究忠义""做你自己"等。在这些文化的吸引下，他们就会逐渐习得相关的一些活动和行为，比如打架、文身、抽烟、恋爱、化妆等。

沙洋职校2020级汽修班李志强说："上初中以后，原本我在快班，父母很忙没人管我就放飞自我。初一的时候还是认真学习，一直坐在前面。初二的时候感觉班上那几个同学很威风，也是想引起别人注意，为了融入他们，我就到后面和他们讲话打闹、玩手机。当时还第一次接触了社会上的人，是在网吧和同学一起，看到他们在胳膊、腿上文身，当时觉得他们很厉害，既害怕又崇拜，还有一点恨意，想自己为什么不可以（像他们一样）。后面跟他们一起玩了以后，觉得自己很厉害，在初中我称霸一方，没人敢招惹我。老师看到我成绩下降刚开始会管我，但我会表现出抗拒，心里觉得'整天盯着我，我就不干'，渐渐地，老师也不管我了，我自己也没有心思学了。"

湘阴一职2021级电子班龚欢说："县里有几个有名的帮派，叫天翼1帮、天翼2帮、名仁堂，他们就是天天打架。别人打架有时候会报他们的名字。他们还会文身，比如文"忠""肆""AK4T"这类字，或者文国象这类图案，文在胸前或者肚子旁边。"

2. 挑战性

具有挑战性和冒险性的活动也容易吸引中职青少年，原因在于在活动中往往可以让他们感受到成就感。从学业上看，他们似乎缺乏面对挑战的勇气和毅力，但是这并非意味着他们本身就缺乏这类品质，相反是因为他们已经意识到在学业竞赛上落下太远，缺乏参赛的基本能力和资格。在这种情况下，体育运动、网络游戏、谈恋爱等都可能成为他们新的竞赛跑道，只是对于他们来说，这些挑战的获胜比学业的获胜更加得心应手。

沙洋职校2022级汽修2班杨智涛说："从记事起，父母就都外出打工，一直是外婆照顾我。在县城实验小学和实验中学上学，我小学成绩优秀，在班上前 20 名，初二上学期因为玩手机成绩开始下滑，最后倒数第 10……王者荣耀很好玩，有免费的皮肤，就想要弄到它，这需要每天做任务，每天在线赚金币，能得到第 1 名就会觉得自己很厉害。英雄台词也很有正义感、很霸气……玩游戏不难，玩游戏比做作业开心。玩到不顺的游戏，可以下次再玩回来。自己也会练游戏，比如一个人跑圈，了解技巧，熟悉操作，一直过不去，可以上网查。从失败中获得经验，就可以获得成功。"

3. 展示性

能够展示独特性和优越性的一些外在符号也能很好地吸引中职青少年的目光，这些符号也可能会成为这个群体内部竞争的一些标识物。并且由于心智暂不成熟，"好看"也会成为他们评判事物好坏的首要依据。此外，相较于其他事物，外在符号也是最容易模仿的内容，发达消费市场和便捷信息网络也为此提供了便利条件。例如在中职青少年中盛行的"鞋文化"、容貌焦虑等现象就是典型。

沙洋职校 2020 级财会班段雨婷说："我喜欢买鞋，从初三开始买。现在有 8～9 双，有 AJ、万斯、匡威、PUMA，会在快手、抖音上看些样式，一般在得物上买。现在学校基本穿的这类鞋。自己不能穿太便宜的鞋，不然会崴脚。"

沙洋职校 2020 级护理班陆雪说："我会因为长胖而焦虑，我身高 171 cm，以前 102 斤，现在长了 10 斤，都长在腿上，理想体重是 100 斤。我会和朋友讨论减肥话题，相互之间也会隐隐评价。特别羡慕有个同学，她 165 cm 只有 80 斤，会天天跟她说，她真瘦。"

4. 希望性

不同于初中学生，随着年岁增长，中职青少年不得不开始考虑自己的未来。因此在这种情况下，他们需要合理处理玩乐文化与未来规划之间的关系。在现实结构下，"草根创业文化""读书不如早点进社会"便成为他们将玩乐文化合理化的重要话语，并且习得其中一些活动方式，如酒文化等。在这些认知之下，玩乐活动就被塑造成为他们适应社会、把握机会的一种方式，也让他们有了可能超越学业赛道优胜者、获得阶层流动的新希望。

目前在某大专就读沙洋职校 2019 级计算机班成佳阳说："读大学就是为了毕业证，要不是父母认为读书才有出路，我也不是很想读，我自己觉得读了没什么用……

未来规划是想创业……我本来学习挺好的，但是初中爱玩，就变成个坏学生，现在回想起来，太蠢了，做了些没必要的事。但是也不后悔，如果是按好学生的生活，就经历不到坏学生的生活了，感觉坏学生懂得更多一点，更明白了一些道理……明白的道理就是读书没用。要么读书很好，要么就别读。读了不好不差的人，就是那些普通一本二本，也是帮别人打工，拿几千元工资。而且工薪阶层最好的月工资也就1万多元，不一定能赶得上创业。"

二、价值空缺：中职青少年玩乐文化的原因

这些娱乐活动虽然丰富多样，但并不意味着娱乐就一定能引人入胜。但是中职青少年确实更容易被这些活动吸引，本质上是因为他们的成长阶段出现了一个价值空缺期。也就是说，在这一"未成年未成家"阶段，他们缺乏明确的社会性目标，既对学习没有兴趣，也没有承担家庭责任。于是这些新奇、有趣、好玩的娱乐活动就填补了他们的价值空白，也正因如此，自我体验感也就成为行为选择的重要依据。具体来说，这些活动对于中职青少年存在三个层面的价值意义，一是消磨时间，二是体验乐趣，三是自我发展。

1. 消磨时间：作为消遣习惯

休闲消遣是人正常的生活组成部分，但在不同时代会有不同的消遣方式。当前社会已经成为消费社会、娱乐社会和网络社会，社会中各种各样的娱乐方式千层百出。尤其随着移动互联网的发展，以网络为载体发展起来的游戏、小说、短视频等都已经成为人们日常生活中必不可少的消遣娱乐。对于青少年来说，他们当前身处在一个充满娱乐精神的社会，也是网络"原住民"，很小就开始接触这些娱乐方式，而且娱乐的低龄化倾向越来越明显。在笔者调研的职校，大部分学生都是在初中阶段开始拥有自己的手机，并在此之前就或多或少会接触到游戏、小说、短视频等。

可以说将这些娱乐方式作为消遣已经变成社会的共同特征，但是差异就在于这些消遣所占的比重和意义。在中职青少年群体中，一部分学生正是由于在学业生活、校园活动中缺乏积极性或者感受到无能为力之后，在"没事干"的情况下，他们就更愿意将大部分时间和心思集中在玩乐之上，但这同时又可能会弱化他们对其他事物的积极性。只是将游戏当作"无聊"的消遣方式时，在遇到更重要的

事情之时，他们也可能会逐步反省自我，愿意放弃娱乐生活而重新奋斗。

沙洋职校2020级计算机应用2班张昊天说："以前玩游戏是打发时间，现在是浪费时间，初中没有搞学习，所以有时间；高中要搞学习，没有时间。初中阶段的重心就是玩，因为学也学不进去，赶不上，只能玩。我现在基本上所有种类的游戏都玩遍了，可能玩得太多了，感觉很多游戏都没有创新，都是一样的套路。没事干才会玩游戏，为了消磨时间。高一以来我就开始认真学习，因为在初中经历过失败，但在这里可以从头再来。有一种可能性，有一线希望，自己就能够搞好。语数外要从基础开始补，时间来不及，计算机可以从头开始学，也是我感兴趣的专业，我愿意学。即使考不上本科，也是有希望的，我姐姐就是例子，她也是职高出来的，现在在网上接画画的单子，做得很好。"

2. 体验乐趣：作为精神寄托

娱乐游戏能够给人带来本能的愉悦感，因此在每日枯燥的学业生活中，娱乐游戏将成为青少年的快乐源泉，甚至成为他们的精神寄托。对于一部分青少年来说，为了将自我行为合理化，会萌生出一种认识，即"快乐本身就是意义"。

笔者说："可能家长或者老师会说，玩游戏有什么用呢？"

沙洋职校2022级汽修班杨智涛说："我认为学习对我也没什么用呀。游戏可以和游戏大神一起玩，可以一起赢这些游戏，赢本身就会是好的事情。"

快乐的确可以作为一种意义而存在，但问题在于实现快乐的途径有很多。大多数中职青少年通过游戏、小说、短视频等方式获得的是依靠缺乏内在实质、直面精神世界的虚拟刺激获得的快乐，而非在与现实世界互动的过程中实现的快乐。因此，在虚拟精神世界中，这些快乐体验往往带来的不是面向现实世界积极振奋的精神，相反可能是疲劳倦怠的状态。因此，从长远来看，当未来需要依靠行动直面现实世界的困扰时，他们可能将这些娱乐作为暂时逃离现实世界烦扰的方式，但这却有可能将他们拉入更烦扰的"陷阱"之中。

沙洋职校2020级护理班朱梦雪说："现在不想上学，因为不想早起背书、考试，有点抗拒。明年6月份高考，有点紧张。感觉小说是我的精神依托，不想面对现实，小说里面的世界很吸引我。虽然看小说，但是理解不了语文，比如考试试卷问'红叶青山'好在哪里？我不是很懂这个问题。所以我写小说，文字不优美，但是同学说我的剧情很好。"

3. 自我发展：作为赚钱手段

娱乐行业已经成为一个热门产业，在这一趋势下，部分学生通过玩乐实践也逐渐找到自己的兴趣和优势，并将其作为自我发展的一个方向。其中最为典型的是KTV、酒吧和网络游戏。

以网络游戏为例，陪玩、代打成为中职青少年兼职赚钱的流行方式。这些方式之所以能够吸纳中职青少年，有三个条件：第一，中职青少年有时间、有兴趣。对于他们来说学校时间是一种"无聊无意义"的时间，相反通过参与游戏产业既可以满足他们的娱乐需求，还可以将游戏娱乐时间转化为有效劳动时间，因此这种边玩边赚钱的方式对他们来说机会成本很小，且有着极强吸引力。第二，中职青少年有营利动机。为了满足更加丰富的娱乐生活，消费是必不可少的实现方式。但对于大多数青少年而言，尤其是农村青少年的家庭条件往往有限，这就使得他们有强烈的赚钱愿望。第三，中职青少年有能力。通过日积月累的游戏实践，一部分中职青少年脱颖而出，获得了高超和稳定的游戏能力，随着游戏产业的发展，这些能力通过陪玩、代打等形式变得有价值。

沙洋职校2022级直播班魏宁说："我现在玩游戏帮别人代打，正好自己边娱乐一下边挣点零花钱。我10岁的时候就开始用父母的旧手机，每个星期玩2～3小时的游戏。初中自己有了手机，自己王者稳标上榜12000分，要上榜至少需要10000分。初二就开始接触代打，开始赚几十元，帮别人挣一分赚2元。到初三自己已经赚了几千元，自己的游戏皮肤都是代打赚。我现在有时候带朋友代打，朋友就请我喝饮料。我还玩国标赛，我玩诸葛亮（一个游戏人物）是全省第97名。如果代打掉分也要赔钱，目前我赔过3次，总共200元。我进职高选直播专业，也与自己规划有关，我想要三年之后考上本科或者大专，有机会可以做专业主播或者代打。"

沙洋职校2020级汽修班李智说："我从小学4年级开始接触游戏，当时是看别人打。初中开始自己打游戏，王者我玩得不好。后面就打和平精英，这个游戏我觉得很顺手，就一直玩。当时是去爸爸那里，爸爸的朋友20多岁，就让我玩手机，那个手机屏幕还是一半黑的。小学的时候我还考过班上第一第二名，到初中成绩就垫底了，后面又有点提升，全班20多名。但初三因为花时间研究游戏，排名倒数第5……高中之后我会卖号、代打、陪玩，主要是以俱乐部的形式，这种俱乐部做得好有上万人，做得不好有几十人。我高一自己也组织过，每单提成5元，一个月挣了2000多元，但也要花时间。"

　　虽然从当前来看，中职青少年在进入游戏等娱乐产业似乎具有优势，而且以兼职的形式能够获得一些目前看起来还不错的收入作为零花钱。但实际上里面存在着巨大陷阱，第一是中职青少年进入这类行业后大多数也只是处于产业低端的普通劳动力，仍然是需要通过大量投入时间和服务获得收入。以游戏陪玩或代打为例，这类劳动本质是一种游戏服务，收入一般是每局 10 ～ 30 元不等，并且要满足"老板"特定需求，如会点性别、点操作、点声音、点建模、点才艺（会唱歌或者有些特定游戏装备）等。第二，这一行业也有着高强度的竞争力，真正能够赚钱的只是少数。比如一个学生说："代打没办法做长久，游戏技术需要不断地更新换代，现在有的小学生都打得很厉害。"

　　因此，看起来这类娱乐产业能够满足中职青少年边玩边赚钱的理想，但实际上能够登上顶峰的"幸运儿"寥寥无几，因为不能仅靠游戏技术，而且更需要对娱乐产业运作有更加透彻的理解和资本力量的支持。

三、早熟叛逆：复杂结构下的青少年成长危机

　　某种程度上，中职青少年只是在主流教育竞争体系中作为被排斥者的代表群体。讲到排斥，并非意味着在具体场景中学校、教师或者学生这类具体个体对他们形成排斥。而是因为在这个教育结构当中，由于学校规范具有单一性和统一性，并且必然有倒数学生的存在，这种边缘结构本身会使得一部分学生主动或被动地与主流体制保持距离。与此同时，相较于学校规范的制度文化，社会却提供了十分多元的文化选择，由此引导着这些青少年的行为充满着叛逆性。

　　因此，"叛逆"本质上是个体行为与结构规范的冲突，其内涵取决于规范的内容，其具体行为表现又取决于主流规范之外提供的文化工具。在当前学校规范文化成为主流的时代，不爱学习、打架、抽烟、穿奇装异服、沉迷游戏等都是叛逆的表现，而这些行为会受到学校之外存在的家庭文化、娱乐文化、阶层文化等多种影响。正因如此，叛逆者往往呈现出社会性早熟的特征。

　　叛逆者虽然呈现出逃避学校社会规范的状态，但这不意味着他们天然没有向上奋进的愿望，也不一定意味着多元文化不可取。但问题在于，当许多青少年因为玩乐而错过学习和提高自身技能的机会之时，他们往往只能顺应着过去的选择继续前行，不得不遵循整体社会规则。但是，这些很多看起来是青少年自己的选择，其实背后源于更为深刻的结构现实。

最为基本的现实就是，相较于过去传统社会，当代青少年处于一个更加具有流动性、冲突性和多元性的社会结构中，因而学校教育面临着更为复杂的背景。第一，尤其在乡村社会，家庭的留守化、破碎化等特点使得青少年往往缺乏家庭管教，这使他们更容易接触到多元的社会文化，也更容易受到一些暂时性快乐体验的诱惑；第二，网络的普及化和青少年网络"原住民"特点更是对学校和家庭教育都提出了新的挑战；第三，青少年成长的环境也越来越制度化，一方面他们生活在更干净、更纯粹也更受保护的"象牙塔"之中，但另一方面他们也越来越缺乏对周边现实社会更加完整的认知，他们不用再为"吃不饱肚子"的生存烦恼而困扰，过去被视为稀缺资源的读书机会如今变成了求学生读书的外在压力，因而他们缺乏足够的经历来获得更全面的认知。而当他们拥有一些经历之后，一些学生会开始醒悟。

沙洋职校2020级汽修班吴明杰说："我父母都是初中毕业，爸爸在县里做电器维修，妈妈在一个夜宵店帮忙。过去都是父母替我操心，从去年开始我意识到自己要早点成熟了，我会自己关注升学政策。起因是之前父母本来想请人帮忙把我送进普高借读，就看到父母给我办事，提好烟好酒，很卑微地求别人，我从来没见过父母那个样子，所以开始感觉到父母不是万能的，他们也很辛苦，所以觉得自己要多争气，讲脸面。"

因此，在新的教育环境下，过去单纯以规训为导向的传统学校教育可能就会面临发挥低效或者失效的可能。如何让学校教育更加具有竞争性和吸引力，以及如何引导青少年在多元文化中树立正确价值观都是值得挖掘的问题。

例如，对于这些乡村叛逆青少年而言，教育首先不仅是以知识为主的学业教育，更重要的是让他们重新回归，也就是"懂事"。其核心是要帮助他们拨开迷雾，不仅是学习校园规范，而且是学习社会规范，站在他们的角度帮助他们分析利弊，引导他们做出最有利和最适合他们的选择。

（作者系武汉大学社会学院博士研究生）

乡村文化

农业文化遗产保护和传承

⊙ 李伟国

中华文明根植于农耕文明。中华农耕文明源远流长、博大精深，孕育形成并留下了形态多样、内涵丰富的农业文化遗产，是推进农业强国建设的宝贵财富。目前，农业农村部已分六批认定了 138 项中国重要农业文化遗产，分布在 29 个省份的 151 个县（市、区），涉及 40 多个少数民族，包括 60 多种农牧业物种和各类农业生态类型。深刻认识农业文化遗产的重要价值，持之以恒强化保护传承各项工作，充分展现其魅力和风采，是赓续农耕文明的必然要求。

为什么要保护传承农业文化遗产？农业文化遗产是人类在与自然长期协同发展中创造的、世代传承并赖以生存的农业系统。中华民族农耕历史悠久，农业文化遗产丰富多样，承载着中华文明生生不息的基因密码，彰显着中华民族的思想智慧和精神追求，具有保障供给、就业增收、保护环境、传承文化等多重价值，至今仍发挥着较强的生产、生态功能，保护传承农业文化遗产具有多方面的重要意义。

一是农业文化遗产蕴含的农耕智慧是推动农业现代化的重要参考。长期以来，为了更好地适应自然、利用自然，中华先民坚持因地制宜、顺势而为，通过趣时和土、辨土肥田、驯化良种等方式，将盐碱地、干旱地、山坡地等改造为良田，农技、农艺相结合，积累形成了丰富的农耕智慧，对于今天推进农业现代化仍有着重要的借鉴意义。

二是农业文化遗产践行的人与自然和谐共生理念为农业绿

色发展带来启示。中华农耕文明历经千百年而不衰，主要得益于将山水林田湖草沙视为生命有机体，种养结合、互利共生，实现了人与自然长期和谐共生，形成了天人合一、道法自然的哲学思想和顺时、取宜、循环、节用等生态观念，是当前推进农业绿色发展的重要思想基础。

三是农业文化遗产内含的乡土伦理、礼俗等至今仍具有社会治理的时代价值。农业文化遗产包含丰富的社会规范、生活伦理、节庆礼仪等人文内容，所传承的耕读传家、勤俭持家、守望相助等中华美德，维系着乡村社会和谐稳定，铸就了乡村的根和魂，对于今天加强农村思想道德教化、淳化乡风民风、坚定文化自信、改善社会治理都具有显著价值。

四是农业文化遗产包含的丰富资源为乡村振兴注入新动能。农业文化遗产保存着珍贵的传统种质资源、完善的传统耕作技艺、丰富的生物多样性、独特的生态文化景观等，合理开发利用农业文化遗产的丰富资源，对于拓展农业多种功能，发掘乡村多元价值，发展乡村新业态都具有十分重要的作用，可以带动农民就业创业、增收致富，为全面推进乡村振兴赋能。

农业文化遗产保护传承工作已取得积极进展。党的十八大以来，我国重要农业文化遗产保护传承工作得到了广泛关注和大力支持，农业文化遗产发掘认定和转化创新等取得了积极进展。

一是制度设计不断优化。在国家层面，制定发布了全球首个《重要农业文化遗产管理办法》及相关配套技术规范，建立起了县市申报、省级推荐、部级认定的工作机制。在地方层面，遗产地制定实施了农业文化遗产保护传承相关管理制度、规定，不断优化组织领导和部门协调机制。同时，持续开展农业文化遗产保护业务培训，加强保护管理与研究队伍建设。

二是发掘认定和保护利用同步展开。目前，我国每两年组织一次发掘认定，并开展全国农业文化遗产普查，已梳理出408项具有保护价值的农业生产系统。同时，遗产地在深入发掘和合理利用农业文化遗产资源方面不断探索，有些地方还总结出了农业文化遗产助力脱贫攻坚和乡村振兴的典型经验，为遗产保护利用提供了良好的借鉴。

三是初步形成全社会关注、关心农业文化遗产保护传承的良好氛围。通过"农业文化遗产里的中国"系列宣传及"农小萌"卡通形象、系列科普微动漫短视频、专题展巡回展等，各遗产地以线上、线下相结合的方式展示农耕智慧，展现了新时代农耕文化的魅力风采，全社会提升保护传承的自觉意识也不断提高。

持续推进农业文化遗产保护传承工作。坚持创造性转化、创新性发展，在发掘中保护、在利用中传承、在创新中发展，如此才能全面加强农业文化遗产系统性保护和活态传承发展。

一是深入发掘，严格保护。持续开展中国重要农业文化遗产认定，深入发掘农业文化遗产蕴含的思想观念和人文精神，夯实遗产地保护传承责任，组建新一届专家委员会，提高规范化保护管理水平，保持遗产核心要素基本稳定。

二是活态传承，大力弘扬。着力将中国重要农业文化遗产打造成弘扬农耕文明、中华优秀传统文化的窗口，加强农耕技艺、传统手工艺、民俗节庆的保护传承。积极开展国际合作交流，进一步阐释好农业文化遗产保护与传承中蕴含的中国精神、中国价值、中国力量。

三是转化创新，合理利用。顺应时代发展要求，有机融入现代元素、科技要素，赋予农业文化遗产新的表达方式、价值内涵，把领略青山绿水、享受田园乐趣、感悟文化魅力、体验特色美食等有机融合，助力农民持续就业增收。

农业文化遗产是活态的、复合性遗产，保护传承涉及的部门多、领域宽、影响面广，在保护传承中应注重部门协同合作，发挥农民主体作用，坚持农民所有、所用、所享，吸引调动社会力量参与农业文化遗产学术研究、价值挖掘和科普教育等工作，形成全社会关心关注农业文化遗产保护传承的良好氛围，在赋能全面推进乡村振兴、弘扬中华优秀传统文化、坚定文化自信上作出新的贡献。

（作者系农业农村部农村社会事业促进司司长）

乡村文旅与"土特产"文创

⊙ 孙若风

　　乡村旅游产品应从城市休闲者诉求点切入，探讨产品研发模式和路径，做到"土、野、俗、古、洋"五个结合：一是留点土味，保持一分原真；二是带点野味，守护一方乡野；三是显点俗味，演绎一种风情；四是存点古味，传承一脉文韵；五是沾点洋味，附庸一点时尚。

　　中央反复强调要做好乡村产业的"土特产"文章，中央一号文件就此提出了四个重点，即彰显特色、产业融合、优化布局、联农带农。显然，这不是通常所说的"土特产"，而是用"土特产"作为比喻，对乡村产业高质量发展提出的新要求。所谓"土"，就是从一方水土中找乡土资源；"特"，是打造具有特色并形成竞争优势的产品；"产"，即按照产业规律来打造产业，特别是打通产业链条。这是关于乡村产业发展的要求，而围绕做好"土特产"开展的相关部署，却往往指向乡土文化及其利用，包括发展乡村文旅产业，由此拓展了乡村文旅的舞台，为乡村文旅给乡村产业增势赋能开辟了更广阔的空间。

一、做好乡村产业"土特产"文章，乡村文旅应发挥的作用

　　第一，还原"土"味。一方水土养一方人，也养一方农作物——实际上，一方水土养一方人往往是通过一方农作物来养一方人。乡土文化，与农产品一样，都是当地气候、土壤、水源的产物，有着一样的"土"味。英文中"文化"这个单词culture，词根就是耕作。中国传统哲学主张"天人合一"，人与山川草木同为自然的产物，人之"文"与山川草木之"文"，同为自然之"文"。乡土文化与乡土作物，是一

块乡土长出的两朵花。今天对乡村产业"土"味的追求,在很大程度上是源自对同一土地上文化的追求——都是土生土长,孕自泥土。因此,乡村文旅参与做好乡村产业的"土"文章,应加强乡土文化与乡村产业的相互印证、相互生发。要通过乡村文化的阐释和乡村文旅产业的展示,满足消费者对乡村产业"土"味的期待,主要体现为对天然、本真、纯朴的期待,只要接上了这样的地气,"土"味就是健康的味道、阳光的味道。

第二,强化"特"色。"特"色与"土"味相互联系,有"土"味就有"特"色,有"特"色就肯定有"土"味。先秦时期的哲人把世界的本源归结为"气",这反映在周王朝的执政制度和文学理念上:不同的地方有不同的地之气,"气动谓之风",因而有不同的乡土文化,即"土风",《诗经》中"风雅颂"中的"风"就是不同地方的歌谣土风,被认为是当地风土人情最真实的反应,可以"观风俗、知盛衰"。今天做"土特产"文章由此得到的启发是,乡村各类产业的特色,是可以通过乡土文化展示出来的。《诗经》就已经在这方面为今天"打下样",比如《豳风·七月》说的就是西周早期豳地(在今陕西郇邑县、邠县一带)的农业生产和农民生活,从岁寒、春耕,到秋收、冬藏,到猎取野兽,从蚕桑到布帛衣料制作和建筑、造酒,直至年终燕饮,是当时乡村的风情画卷,也是乡村产业的形象展示。今天的乡村产业,也能通过乡土文化的形式,特别是通过乡村文旅,让自身的特色说得出,看得见,体验得到。

第三,延伸"产"链。文化产业和旅游业是社会主义市场经济体制下形成的新兴产业,乡村文旅是乡村现代产业体系中的组成部分,也可以说是乡村产业长藤上结出的新枝蔓。从产业链的角度看,乡村文旅产业有超强的融合性,能够与众多的乡村其他产业嫁接。与农业融合形成的"农文旅融合",就是典型。它还可以嫁接乡村其他产业,包括传统产业与新兴产业,比如建筑业、消费品工业、装备制造业、信息业等,为这些产业丰富审美内涵,提升产品和服务的附加值。因此,2023年的中央一号文件特别指出,要培育乡村新产业新业态,实施文化产业赋能乡村振兴计划。文件还强调,"实施乡村休闲旅游精品工程,推动乡村民宿提质升级",这是乡村文旅中带动性最强的项目。

二、受"土特产"新解的启发,文旅产业自身也应该做好"土特产"文章

乡村文旅产业也只有成为这样的"土特产",才能在乡村产业"土特产"化进

程中发挥作用：

第一，乡村文旅要坚持"土"味。乡村文旅当然要百花齐放，只要是合法经营，都应按市场主体给予尊重和支持，但是，从一般消费者心理来说，还是希望在乡村能看到乡村的东西，从这样的消费预期出发，乡村文旅还是应该万变不离其宗，万变不离"土"味。目前最成功的做法，是把这种"土"与城里的"洋"结合起来，也就是把乡土文化与城市文化、时尚文化、流行文化结合起来，相互映衬，在反差中让"土"者更土。

第二，乡村文旅要突出"特"色。在什么山上唱什么歌，有什么乡村就有什么特色。这种特色主要是来自乡村特有的自然生态，来自传统的生产生活以及风土人情，但也要关注并展示乡村现代各类产业的特色，以及它们相互作用、酝酿形成的综合特色。创意的作用至关重要，同样的"土"味可以有不同的特色，需要创作生产，以及经营管理者发挥个性、想象力和创造力。

第三，乡村文旅要延伸"产"链。文化产业和旅游业作为朝阳产业，涉及面广、产业链长、创业就业门槛低、对相关产业带动性强，在乡村文旅中，这样的特征表现得尤其充分，作为旅游传统六要素的吃、住、行、游、购、娱，已经覆盖了生活的众多方面和产业领域，旅游新六要素，即商、养、学、闲、情、奇，又进一步拓展出新的产业空间和营销渠道。审美潮流的变动、科技手段的加入，使得乡村文旅新模式、新业态层出不穷。在当前旅游业升级中兴起的研学游、亲子游、周边游等，配套产生了新的产业链。乡村文旅的长尾效应，也衍生了触须般的链带和经络。

按照中央一号文件要求，推动乡村产业全链条升级，在纵向上，贯通生产、加工、销售，做大做强农产品加工流通业，培育发展预制菜产业，提升净菜、中央厨房等产业标准化和规范化水平，促进农产品就地加工转化增值；在横向上，融合农业、文化、旅游，加快发展面向城乡居民消费需求的现代乡村服务业，鼓励发展乡村餐饮购物、文化、体育、旅游休闲、养老托幼、信息中介等生活服务，推动农村由卖产品向同时卖服务转变。

三、文旅产业要在这种"土特产"的经纬中，与乡村产业共生共存

第一，共创乡土生态。要发挥文化对于乡村建设的基础性作用、土壤式作用。乡村文旅产业虽然只是今天乡村文化建设的一个组成部分，但它是乡风文明、公

共服务、非物质文化遗产保护传承、乡土艺术创作的综合体现，是乡村文化自信、文化自觉的直观展示，是乡情土味的鲜明表达，应该在乡村产业的"土特产"化进程中，以润物无声的方式涵养各类产业、涵养整个乡村。还要发挥乡村文旅在乡村各类产业间的穿针引线作用。乡村文旅融合性强，不仅可以与众多行业融合，还能促进众多行业以文旅产业为媒介形成融合，在乡村产业的纵横交错、沟渠相通中形成乡村产业、乡村文化共同体。

第二，共创乡村品牌。无论是乡村农业上的"一村一品"，还是乡土文化中的各类非物质文化遗产，都是乡村品牌，是可以进一步打造和提升的乡村招牌。事实上，今天乡村非物质文化遗产，其中的技术类遗产，是历史上当地各类产业特别是手工艺的遗产，非物质文化遗产与乡村各类产业遗产是同一个东西。今天打造品牌，打造乡村IP，可以从非物质文化遗产或者乡土文化的其他内容去提炼，也可以从乡村代表性产业中去发现并打磨，无论推出的代表性符号是乡土文化的还是乡村各类产业的，都是乡土文化与各类产业相互赋能、相互带动的产物。

第三，共建产业集群。目前的乡村产业发展还处于初级阶段，普遍表现为规模小、布局散、链条短。乡村文旅产业更是小而散，虽然小有小的好处，但终究不适应规模化、产业化的基本需要。解决这个问题，一方面要探索乡村文旅产业自身的破局之道，比如安徽庐江提出的用"长藤结瓜"方式把散点状的乡村民宿联结起来，形成"体量"，由此为外来企业、资金、平台的进入创造条件。另一方面，要尝试将乡村文旅产业与乡村其他产业融为一体、抱团取暖，共同立足当地特色资源，拓展乡村产业功能，向广度深度挺进，把乡村产业链条做长、规模做大、实力做强。

（作者系文化和旅游部科技教育司原司长）

县乡连线

武冈市乡村振兴的实践与思考

⊙ 唐克俭

习近平总书记指出：民族要复兴，乡村必振兴。党的二十大报告特别强调：全面建设社会主义现代化国家，最艰巨最繁重的任务仍然在农村。近期，我紧扣乡村振兴主题，针对乡村振兴规划与乡村建设行动、产业就业、农村人居环境整治、发展壮大村集体经济、乡风文明建设、结对服务主题活动、抓党建促乡村振兴七个方面，通过走访、现场察看、群众座谈等方式，深入基层调研，聚焦巩固拓展脱贫攻坚成果同乡村振兴有效衔接工作开展中的痛点、难点、堵点问题，深刻剖析主客观原因，找准工作改进的办法举措，全面巩固脱贫成果，有序推进乡村振兴。现将调研情况报告如下：

一、武冈推进乡村振兴的实践

武冈，曾是武陵山集中连片贫困地区县（市）。脱贫摘帽后，武冈抢抓列入全省第一批乡村振兴示范县（市）创建的契机，创新推行"1131+"即"紧扣一个乡村振兴规划，落实一个防返贫监测机制，分年度建立乡村振兴工作任务、重点项目、政策保障三张清单，派出一支驻村队伍，加常态化调度"工作思路，积极探索乡村振兴发展新路，一幅幅宜居宜业和美乡村图景的雏形显现。2022年，九个一体化发展模式被评为"湖南省乡村振兴十大优秀典型案例"，推动城乡融合发展促进共同富裕典型做法获省政府通报表扬。

（一）科学谋划，精准制导绘蓝图

坚持以乡村振兴总揽全局，围绕"干什么、谁来干、如何干"绘制施工图和时间表。组织领导。把乡村振兴工作作为"书记工程"，高效运转市、乡镇（街道）实施乡村振兴战略指挥部和村（社区）乡村振兴办公室三级作战体系，健全完善"市团领导联乡镇（街道）包线、科级干部包村、党员干部结对包户"机制，通过主要领导亲自策划、分管领导高频调度、市团领导联点示范创建、18 个督导组常态督导、18 个乡镇（街道）交叉检查，全面压实主体责任。规划先行。科学编制《湖南省武冈市乡村振兴战略规划（2021—2025 年）》、《武冈市乡村振兴规划纲要》和 5 个专项子规划，形成规模合理、功能完善的"一核两翼三中心镇五示范镇百特色村"的城乡发展一体化格局，特别是坚持"多规合一"，分类分步实施各村乡村振兴规划编制，目前全市 299 个村的"多规合一"村庄规划编制工作基本完成。要素保障。坚持把农业农村作为一般公共预算优先保障领域，推行重大民生事项票决制，实行事前论证入库、事中运行监控、事后绩效评价的全生命周期预算绩效管理机制，确保每一分钱都花在刀刃上；健全农村新增建设用地保障机制，每年安排至少 10% 的新增建设用地指标，优先保障乡村公共设施、公益事业、乡村产业等乡村建设用地。

（二）健全机制，精准施策兜底线

坚持把防返贫动态监测和帮扶作为各项工作的重中之重，坚决守住不发生规模性返贫底线。实时监测。全面推行"四结合四不"高效联动机制和"三员三网"防返贫监测机制，通过农户自主申报、干部走访排查、平台风险预警三种方式互为补充，确保监测对象早发现、早干预、早帮扶。特别是坚持"一户一画像"，通过问、算、核、判、评，为全市 191482 户农户精准画像，对纳入省平台未消除风险监测对象的 1071 户 2675 人实行"四色"精准管理。结对服务。严格落实"一对一"重点帮扶、"一对多"结对联系，组织开展"结对服务大走访，我为群众办实事 / 消费帮扶进农家 / 生产助力促增收 / 全面排查消隐患 / 夜宿农家促整改 / 单车干部访民情 / 排忧解难促提升"等系列主题活动，落实十一项主要套餐式帮扶措施，2023 年全市 187 个单位 7555 名结对服务责任人为群众解决困难 2.2 万余个，监测对象户均享受帮扶措施 5.3 条。稳定脱贫。保持过渡期内主要帮扶政策总体稳定，在原脱贫攻坚政策支撑基础上保留、优化、调整、新增政策 47 项，同时坚持因人因户、因类因村施策，做到项目到村、政策到户、滴灌到人。2018—

2020年全市省重点产业扶贫项目委托帮扶2755户8212人均已按协议兑现到位，脱贫劳动力就业率93.68%，义务教育阶段适龄儿童入学率、困难人群参保率、饮水安全覆盖率100%。

（三）因地制宜，以点带面促发展

立足武冈实际和各村特色，统筹推进"五个振兴"，致力建设宜居宜业和美乡村。产业振兴。以"长牙齿"的硬措施守护粮食安全，深入推进"六大强农"行动，全面推行"农民合作社＋公司＋基地＋农户"的经营模式，累计发展农民专业合作社808家、家庭农场1508家，形成"1（粮食）+6（生猪、铜鹅、杂交水稻制种、现代渔业、奶羊、温氏养鸡）"乡村产业格局，武冈连续十年是国家级杂交水稻制种大县，2022年获评省"数商兴农"示范县（市）。人才筑基。坚持政策引才、情感招才，积极培育高素质农民和农村实用人才、创新创业带头人，近年来成功引进杂交水稻、农业机械化、油菜遗传育种和栽培、鱼类遗传育种四个院士团队，引导187名事业单位专业技术人员投身乡村振兴，4012名武冈籍成功人士、高校毕业生返乡创业，全市301个村（社区）每村至少配有农村实用人才1名。移风易俗。深化拓展新时代文明实践中心建设全国试点工作，大力弘扬和践行社会主义核心价值观，建成"门前十小"惠民工程示范点76个，开展各类志愿服务活动8.4万余场次，常态评选新时代文明实践星级户、文明实践标兵以及道德模范、文明家庭等，"移风易俗讲文明"在武冈广大农村地区蔚然成风。示范创建。统筹乡村基础设施和公共服务布局，光纤、班车、水泥路硬化路、广播电视等村村全覆盖，群众实现就近就医就学就业。同时，按照"八要八不要""八有八严禁"要求，全面掀起"人人参与"的幸福美丽村庄创建热潮，深化农村人居环境整治提升，建成乡村振兴示范村88个、幸福美丽院落292个，武冈连续三年荣获"全省农村人居环境整治先进县市区"。

（四）党建引领，统筹联动出实效

充分发挥农村党组织的战斗堡垒作用，更好推进乡村振兴战略落地落实。头雁领航。在选优配强村支两委班子的基础上，常态化抓好软弱涣散党组织整顿销号，注重在产业一线、技能人才、致富带头人中发展党员，特别是全方位监督和考核乡村基层组织及其带头人，坚持"头雁竞飞"振兴村集体经济，因地制宜确定十条增收路径，稠树塘镇甘田村和龙溪镇歧塘村入选湖南集体经济百村案例，全市农村居民人均可支配收入增速高于全国全省平均水平。驻村帮扶。坚持把驻村队伍建设作为有效衔接的重要举措，健全"派训管用爱"驻村帮扶工作机制，415支工作队921名工作队员扎根乡村、走进群众，真蹲实驻、真帮实促、真抓实干。特别是探索理论教学、分组讨论与走村观摩、现场教学相结合的培训模式，为全体驻村工作队员充电蓄能、找准定位；建立出勤、履职、成效"三张清单"，规范驻村日常工作纪实管理，工作队员每月吃住在村不少于20天。村民自治。充分发挥村民自治在乡村振兴中的积极作用，修订村规民约，健全家务长调解协会、红白理事会、村民议事会、禁毒禁赌会、乡贤参事会工作机制，完善"四议两公开一协同"、小微权力清单、民议民决民评流程，实现了群众自我教育、自我管理、自我服务。目前全市301个村（社区）的村规民约（居民公约）和自治章程制定（修订）、法制审核和备案覆盖率100%。

二、当前实施乡村振兴战略存在的短板

农业强不强、农村美不美、农民富不富，决定着乡村振兴的成色和社会主义现代化的质量。通过调研走访发现，武冈在推进乡村振兴过程中还存在不少短板和不足，离上级的要求和群众的期盼还有很大差距。

（一）产业短板

产业振兴是乡村振兴的重中之重，而目前乡村产业正处于发展初期阶段，主要存在竞争力不强、面积规模小、产出效益低、市场抗风险能力弱的问题。主要原因有：一是发展基础弱。农村经济基础薄弱，农民自我累积不足，自身发展产业往往心有余而力不足，特别是农业生产投资大、周期长、见效慢、回报率低，抗风险能力弱，市场竞争力不强，对社会资本资金的吸引力不够。另外，道路、网络、电力供应等基础设施的建设情况极大影响资本进入农村的意愿。以武冈交通设施覆盖情况为例，虽村村通公路但高速公路出入口仅3个，虽有机场但未通铁路，运输效率不高，严重制约乡村产业原材料及产品的交换效率、劳动力的迁移。二是要素激活难。发展乡村产业，土地、技术、市场、人才、渠道、信息、资金、法规等都是至关重要的因素，但目前武冈乡村产业发展的相关优惠政策不配套，现代装备应用不足、科技支撑能力不强、优秀产业技术人才短缺、融资机制不完善等短板问题明显，特别是乡村可利用的土地资源极为有限，土地存地流转规模

偏小，不利于集中开发，一些发展前景好的新业态、新产业项目因缺乏建设用地指标难以落地。三是特色品牌少。选择合适的产业结构是乡村产业健康稳定发展的前提，但目前乡村产业存在盲目选择或同质化现象，普遍面临产业链单一、农产品种类少、多而不优、销路不畅的问题。比如，小农户在生产管理、市场拓展、品牌营销等方面的素质普遍偏低，多处于单打独斗、收益较低的种植生产环节，在市场竞争中处于明显劣势。比如，农家乐等大部分的乡村旅游或休闲农业基本同质化，除了规模不一样外，观光、体验几近雷同，而景区服务差等问题同样存在，失去了乡村的独特价值。

（二）人才短板

乡村振兴归根结底是人的振兴，农民既是乡村振兴的行动主体，也是推动乡村内生发展的关键力量。随着中国城市化进程的加快，越来越多的人涌向城市，虽然近年来武冈出台了系列支持进城务工人员返乡创业的引导政策以及农业农村发展策略，但乡村人口流失问题并未从根本上得到有效解决，留下的大多为"三留"（留守老人、留守妇女、留守儿童）人员，普遍存在年轻人少、劳动力少、创业者少这"三少"难题，生态种养、乡村旅游、电商直播、市场流通、大数据等专业技术人才稀缺，高层次人才特别是领军人才、农业战略科学家、创新团队严重匮乏。主要原因有：一是引才环境仍然不优。乡村在住房、交通、通信、水电等基础设施方面，以及在文化教育、医疗卫生、养老保障、环境保护、休闲娱乐等公共服务方面，仍与城市存在明显差距，即使拿出真金白银的优惠措施，对广大年轻高校毕业生或技术人才吸引力也极为有限。加之武冈地处内陆不发达地区，市财政十分有限，在奖补政策上难与发达地区城市竞争。二是育才培养不够精准。对人才的培养、使用等方面投入不足，现有培训方式和培训内容与农村人才实际需求贴合度不高，农村人才发展模式短时间难以实现从"输血"到"造血"的转变。比如，在农村生产经营人才培育过程中，由于培训体系不够完善、师资力量不足、部分教学内容流于形式等因素，尚不能充分满足学员生产经营实际需要。三是留才机制尚未健全。农村人才在评价、选拔、使用上，还没有形成符合农村人才特点的评价、选拔、激励机制，"按绩取酬""多劳多得"还没有真正实现，平均主义现象突出，人才流动机制不畅。特别是乡村工作普遍待遇低、发展空间小，缺乏向上交流和晋升的渠道，很多优秀人才难以长期坚守乡村。

（三）文化短板

在过去长期城市化建设进程中，乡村文化逐渐被遗忘。乡村文化的振兴，需要人们重新关注并爱上乡村生活和文化。近年来，武冈尽管贯彻落实了党中央关于农村文化建设的系列决策部署，乡村文化建设获得了长足发展，也取得了一些成绩，但仍处在发展不平衡、不充分的阶段，距离以文化振兴助力乡村全面振兴还有很大差距。主要原因有：一是建设整体滞后。目前，乡村建设主要还是以基础设施、产业项目等为主，对乡村文化建设的投入相对不足，对乡村文化元素的保护明显不够，乡村普遍面临公共文化设施不健全、管理不规范的现状，红色文化、传统优秀文化、民族特色文化挖掘难、传承难，有些文化遗产已经消失或受到不可逆转的损毁。二是文化人才队伍出现断档。农村现有文化人才队伍薄弱且老龄化严重，多数乡村文化管理服务人员业务不熟，乡村文化领军人才极度匮乏，从事文化遗产保护、文化创作、文化管理等专业人才断档，导致乡村文化面临断代传承和失传的威胁，乡村缺乏具有吸引力的文化产品。三是活动质量不高。文化活动较少且形式单一、内容枯燥，文化氛围不浓，群众参与积极性不够。比如，高价彩礼、人情攀比、厚葬薄养、铺张浪费等方面的陈规陋习还未根本消除，个别的婚丧甚至还有上涨蔓延势头。

（四）生态短板

生态振兴是乡村振兴的起点，其健康与否直接影响乡村生产生活能否持续发展。目前，武冈乡村生态环境治理仍然底子薄、欠账多，生态环境状况不容乐观，特别是土地生态环境破坏比较严重，农村畜禽养殖粪污处理不到位、扰民问题突出。主要原因有：一是思想认识不足。受过去思维习惯等影响，村民生态环境意识相对薄弱，如生态环保是政府的事，与自己无关；自家卫生与他人无关，村里莫管。个别乡村片面认为乡村振兴只是经济问题，对乡村生态环境工作认识不清，一些工作研究、落实还不够深入。二是发展意识不优。农业产业发展现状与绿色发展可持续发展要求差距大。比如，在乡村经济发展过程中，一些村民和企业盲目追求利润，采取无节制开发手段，过量使用农药化肥，导致土地质量下降，面源污染威胁土壤、水环境，严重影响农业生产和生态环境。三是整治推进不均。农村人居环境整治工作推进不平衡，集镇街道整治标准较低，村庄公共区域整治不深入，电力、通信、有线网络"三线"建设混乱，一些建成的环境基础设施运行效果不理想，农村污水治理还存在明显短板，美丽乡村示范创建水平不高。四是要素保障不够。治理乡村生态环境的投入资金不足、管理运行不到位，导致基础设施缺口明显，难以发挥治理效果。比如，农村污染源存在点多、面广、污染小的特点，治理成本高、监管力量不足，导致一些环境问题被长期搁置。五是制度约束不力。法规政策体系仍不健全，我国生态环保立法多以城市环境治理为背景，在乡村生态环境治理中存在"水土不服"现象。特别是随着城镇化进程推进，村规民约对村民的约束越来越小，乡村环境治理尚未形成良好有效的法规秩序。

（五）组织短板

组织振兴是实现乡村振兴的根本和保障。乡村处在贯彻执行党的路线方针政策的末端，是我们党执政大厦的地基。农村党组织的战斗力、凝聚力更是直接关系乡村振兴战略的成败。当前，乡村普遍面临农村党组织凝聚力、战斗力不强，组织活动弱化、淡化、不正常化等问题。特别是个别村党组织和党员在乡村振兴实践中示范引领作用发挥不够，没有很好地把基层党组织的政治优势、组织优势转化为高质量发展优势、工作优势。主要原因有：一是领头雁选择不够优。现有村干部年龄仍然偏大，少数年龄较大的村干部无法胜任数据报表等工作，在开展村级工作尤其是推动发展上不愿苦干、实干，而后备力量储备短缺；一些派驻单位为了保证单位运转，选择了能力不够强或临近退休的老同志驻村。二是班子队伍管理不够严。少数村级班子民主管理制度形同虚设，党员、村民代表参与议事决策少，财务管理混乱，村务公开效果较差，群众意见大；部分村干部纪法意识淡薄，工作程序不规范或存在侥幸心理，造成了一些微腐败等问题；有些村支"两委"干部、驻村干部、结对帮扶干部在工作中仍然存在"应付式"走访、"接济式"帮扶、"填表式"服务等现象。三是党员作用发挥不够好。有的村党组织探索"党建+产业"新路子不够主动，村级集体经济发展缺乏长远规划和可行方案；有的农村党员年龄老化、能力偏弱，在联系群众、带富致富、推动发展等方面的示范引领作用不明显，特别是外出务工党员较多，流动党员存在去向难掌握、管理难落实、教育难适应、活动难开展、作用难发挥等问题。四是群众参与引导不够广。乡村振兴既要政府"搭台"更要农民"唱戏"。目前，有部分村是政府单方面地主抓、主推一些需要共同努力的乡村事项，农民群众反而缺席、失语，漠然旁观。比如，在村庄规划、幸福美丽村庄创建时，没能充分调动发挥群众主体作用，往往就出现了"干部在干、群众在看"的普遍现象。

三、加快推进乡村全面振兴的建议

乡村振兴不可能一蹴而就，需要长期的实践探索。必须坚持农业农村优先发展总方针不动摇，统筹推进农业高质高效、乡村宜居宜业、农民富裕富足，奋力打造乡村振兴武冈样板。

（一）深化改革创新，进一步激活乡村振兴"内生力"

习近平总书记强调，改革是乡村振兴的重要法宝。新时代全面推进乡村振兴，必须通过深化农村改革，进一步激活农村资源要素，破除制约"人、地、钱"要素流动的制度障碍，帮助群众特别是脱贫群众在产业发展、稳岗就业中增收，在增收中激发强劲内生动力。加快"人"的集聚。常态化开展都梁人才看家乡、谈家乡、建家乡和武冈籍高校学生社会实践等活动，鼓励在外创业有成的企业家、科技人员、大学生、农民工回乡创业创新；出台相关激励机制，下沉驻村帮扶、结对联系力量，引导事业单位专业技术人员投身乡村振兴，支持企业家、专家学者、医生教师等下乡兴业；改造乡村教育体系，帮助群众特别是脱贫群众一技傍身，加快从小农户中培养造就一支爱农业、懂技术、善经营的新型职业农民，培育形成一批家庭农场、专业大户、农民合作社等现代农业的主力军；畅通经济组织、社会组织、自由职业者等职称技术水平评定渠道，探索公益性和经营性服务融合发展机制，允许乡村人才通过提供增值服务合理取酬。发挥"地"的效应。以"长牙齿"的硬措施守护耕地，健全完善耕地复耕长效机制，坚决遏制耕地"非农化"、防止"非粮化"，确保良田粮用；有序开展第二轮土地承包到期后再延长30年试点，在稳定农村土地承包关系的基础上，积极动员各村成立党支部领办合作社，发动村民以土地股份形式入社，推动村内土地成建制流转，由合作社规模化经营；稳妥有序推进农村集体经营性建设用地入市试点，对引领农业多功能发展和三产融合的企业和工商资本给予用地政策支持，并结合产业发展规划需求统筹协调农村承包地、宅基地和建设用地置换，提高土地复合利用效率；完善土地增值收益分配机制，鼓励村集体和农民盘活利用闲置宅基地和闲置住宅，通过自主经营、合作经营、委托经营等方式，依法依规发展农家乐、民宿、乡村旅游等产业。破解"钱"的难题。持续抓好涉农资金统筹整合，健全统筹机制和监管机制，努力提高涉农资金的配置效率和使用效益，确保资金管得住、用得准、见实效；深化农村集体产权制度改革，加快推进农村产权流转交易市场体系建设，特别是处理好个体和共同体利益的长效关系，把分散的农户通过劳动联合或资本联合的方式组织起来，盘活利用农村集体所有的资产资源，通过确权、颁证、流转等程序推进村庄资源变资产、资金变股金、村民变股东，明确集体与个体的产权关系和权益归属；深化农村金融改革，推进农村金融产品和服务创新，鼓励政策性金融机构在业务范围内为乡村产业提供相对大额的中长期信贷支持，引导中小金融机构有效对接产业短期投资和流动资金需求，特别是探索解决涉农经营主体因缺少抵押物和担保人而遭遇的"贷款难"问题，全面提升金融服务"三农"能力。

（二）统筹规划建设，进一步找准乡村振兴"最优解"

坚持内外兼修，全面提升乡村基础设施完备度、公共服务便利度和人居环境舒适度，致力打造武冈特色的和美乡村发展模式。修缮村庄规划。瞄准"农村基本具备现代生活条件"的目标，充分考虑村庄产业发展定位、区域资源禀赋、本地文化特色，合理统筹布局农村生产、生活、生态空间，因村制宜完善"多规合一"的实用性村庄规划，确保留住乡风、乡韵、乡愁，避免"千村一面"。特别要坚持乡村振兴为农民而兴、乡村建设为农民而建，结合实际借鉴运用浙江"千万工程"经验，按照"湖湘千万工程"要求，以幸福美丽村庄创建为抓手扎实推进宜居宜业和美乡村建设，既不一哄而上、刮风搞运动，也不被动等待、无所作为。提升设施服务。充实乡村振兴项目库，加大争资引项、招商引资力度，优先实施普惠性、基础性、兜底性民生建设项目，加大向村覆盖、往户延伸力度，加快完善农村水电路气信等生产生活设施，加强医疗、教育等公共服务资源配置，发展城乡学校共同体、紧密型医共体、养老服务联合体，提升基本公共服务能力。同时，健全政府提供基本公共服务、农民参与规划建设和运行管理的有效机制，做好长效管护"后半篇"文章。优化人居环境。抓实生态治理，改善农村人居环境，让居民望得见山、看得见水、记得住乡愁，是建设生态宜居美丽乡村的题中应有之义。必须坚定不移走绿色发展道路，摒弃损害和破坏生态环境的经济增长模式，依托自然优势发展特色产业，培育绿色发展新动能，探索形成"生态＋"复合型经济发展模式，推动乡村生态建设与经济发展比翼双飞、相得益彰；深入实施农村人居环境整治提升行动，高标准推进以"三清一改"为重点的村庄清洁行动，高质量推进农村卫生厕所革命，高效率推进农村生活污水治理和乡镇污水收集管网建设，推动农村人居环境由村庄整治向功能品质提升迈进，让农村生活更加便利、更加宜居、更加美好，让乡村振兴不仅有"富裕的里子，更有靓丽的面子"。

（三）发展壮大产业，进一步拓宽乡村振兴"共富路"

习近平总书记指出，产业兴旺是解决农村一切问题的前提。只有培育创新能力强、发展后劲足的全产业链条，才能充分释放乡村产业的巨大潜力。因此，必须因地制宜构建现代乡村产业体系，带动实现农民富裕富足，促进乡村高质量发展。在特色优势上着力。立足资源要素，坚持"一县一业、一乡一品、一村一特"，围绕"一只鹅（武冈铜鹅）""一粒种（杂交水稻制种）""一尾鱼（现代渔业）""一枚果（罗汉果）""一栏猪（生猪）""一笼鸡（温氏养鸡）""六个一"产业重点，在充分调研论证的基础上科学选定产业发展，做好做足农村"土特产"文章。特别要持续开展发展壮大村级集体经济五年行动，因地制宜用好用活发展渔业、入股共建、流转土地、承建项目、支农贷款、合作经营、盘活资产、特色产业、乡村旅游、发展物业物流十条增收路径，切实以产业振兴带动强村富民。在链条延伸上着力。深化产业结构调整，实施"六大强农"行动，推动现代农业向机械化、自动化、信息化、智能化方向发展。善于把握新的市场环境和技术条件，加快农业科技创新步伐，不断开发农业产业新功能、农村生态新价值，促进一二三产业深度融合，形成"农业+"多业态发展态势。打破产业层次与价值利益链中的藩篱，通过农业+互联网+物流网，把生产、品控、仓储、冷链物流、交易、营销各个环节一体贯通，大力发展特色农产品电商等产业模式，着力构建产加销、贸工农一体化经营体系，有效推动乡村产业全链条升级，不断提高产品附加值和品牌影响力，促进产业产值整体提升。在主体培育上着力。新型农业经营主体对市场变化反应灵敏，采用现代农业生产技术的意愿强烈，具有发展现代农业产业的优势。因此，加快培育新型农业经营主体是实现小农户与现代农业有机衔接的有效路径。必须坚持政策拉动、龙头带动、资金驱动，积极培育农业龙头企业、农民专业合作社、家庭农场、现代农业产业化联合体等现代农业经营主体，鼓励引导家庭农场、农民合作社发展适度规模经营、提高经营管理水平，培育造就一批示范家庭农场、示范合作社、示范农业产业化联合体和各类专业化市场化服务组织，切实把小农生产引入现代农业发展轨道。在利益联结上着力。坚持把产业就业作为提升脱贫群众"造血"功能的治本之策来抓，鼓励"公司+基地+农户"运营模式，推动经营主体与小农户特别是脱贫群众通过股份合作、订单合同、服务协作、土地流转等形式，建立全链条、硬约束的利益联结机制，将产业项目的收益尽量下沉到户，把更多机会和收益留给农民。进一步完善村集体经济"连村联创"模式，打造村集体和村民利益共同体。同时，积极探索财政、金融协同支持乡村产业发展的路径，鼓励地方财政支持政策和金融、保险、担保等部门协同发力，帮助农业主体增强抵御风险的韧性。

（四）注重"五治"融合，进一步打造乡村振兴"共同体"

治理有效是实现乡村振兴的重要保障。必须积极探索政治、法治、德治、自治、智治"五治"融合的基层善治路径，健全完善共建共治共享的社会治理制度，不断提升群众获得感、幸福感、安全感。以政治把稳治理之舵。坚持抓党建促乡村振兴，通过做实基层党建工作、实施村党组织带头人整体优化提升行动、深化"清廉乡村"建设、开展"三湘护农"行动，推动基层党组织全面进步、全面过硬，更好团结带领广大群众坚定不移听党话、跟党走，进一步把党的政治优势、组织优势、群众优势转化为农业农村发展优势，把党建活力转化为乡村振兴发展动力。以自治夯实治理之基。通过民主选举、民主决策、民主管理、民主监督等制度机制，保障村民民主权利，引导村民自觉践行村规民约，积极参与经济、社会和文化事业。特别要还原村级组织"党建引领下的村民自治"的关键定位，将自上而下的国家资源与自下而上的农民需求有效对接起来，确保公共产品与公共服务的供给交由农民决定、满足农民需要。以法治拱卫治理之门。坚持依法治市、依法执政、依法行政共同推进，法治武冈、法治政府、法治社会一体建设，优化乡村公共法律服务资源配置，通过普法夜校、普法课堂、法律进村等多形式开展法律宣传、法律咨询、法律援助等服务，引导群众在潜移默化中培养法律意识、提升法治素养，突出解决普法难、用法难、执法难、监督难等问题，致力形成办事依法、遇事找法、解决问题用法、化解矛盾靠法的良好环境。以德治厚植治理之能。以创建全国文明城市为引领，坚持教育引导、实践养成、制度保障"三管"齐下，用活新时代文明实践站、志愿服务队等平台载体，采用微宣讲、微党课、宣传墙绘等群众喜闻乐见的形式，深入开展移风易俗树立乡风文明活动，着力解决高价彩礼、大操大办、厚葬薄养等突出问题，加快推进农村丧葬习俗改革，严厉打击农村黑恶势力，推动形成文明乡风、良好家风、淳朴民风。以智治开拓治理之道。打破传统治理模式和技术条件限制，推动数字化赋能乡村善治，推进构建网格化管理、精细化服务、信息化支撑的基层管理服务平台，解决"信息共享难、业务系统多、联动管理堵、服务渠道杂"等共性难题，有效推动乡村治理体系和治理能力现代化，实现"人在网格走、事在平台办""小事不出村、大事不出镇、矛盾不上交"，打造充满活力、和谐有序的善治乡村。

（作者系中共湖南省武冈市委书记）

用改革创新思维推动乡村振兴

⊙ 朱平波

汨罗市发扬基层首创精神，以全面深化改革加速乡村振兴，努力建设宜居宜业和美乡村，成为国家乡村振兴示范创建县、全省实施乡村振兴战略先进县（市）。

一、"双引双带"添活力

创新"双引双带"模式，坚持"支部引领、市场引导，党员带头、能人带动"，着力激活机制、盘活资源。坚持"支部引领"，点燃发展引擎。以换届选举调优配强村支部，122 名治理能人及致富能手当选为村（社区）党总支书记。用好 73 支驻村工作队、160 名第一书记和工作队员，实行派出单位与村（社区）责任捆绑。创新"总支结对、导师帮带"模式，307 名"导师"帮带 695 名基层"新干部"，整体提升基层组织的战斗力、凝聚力、创造力。创办"汨罗江微课"，"线上 + 线下"的模式培育一支懂农业、爱农业、爱农村的"三农"工作队伍。坚持"市场引导"，做优特色产业。通过市场导入资金、流转要素、升级产业，布局"一镇一特""一村一品"，成功打造"二品一标" 28 个，培育省市级龙头企业 38 家，发展农民专业合作社 1163 家，长乐甜酒小镇、屈子祠粽香小镇分别晋升国家级、省级农业产业化强镇。

坚持设施农业和高效农业相结合，充分发挥 15.9 万平方米育秧大棚的闲置期效益，打造中部地区最大的红椒产业基地。推进客货邮融合发展，实现"人在家中坐、快递到门口""不出村里头、产品就运走"，打通农产品进城"最初一公里"和工业品下乡"最后一公里"。积极推进"村社分账"，实施"乡村振兴共享贷"，全市村集体授信 7.3 亿元，放贷 3187 万元，为集体经济注入金融活水。探索资产盘活、土地运营等"十大模式"，全市存量集体经济薄弱村全部清零，培育一批集体经济年收入超 50 万元的经济强村、超 100 万元的示范村。

坚持"党员带头"，发挥先锋作用。党员带头向新型职业农民转化，带头学习新技能，带动群众发家致富。罗江镇一群党员从 1 台旋耕机、10 亩水田做起，主导创建了拥有 45 名农机手、115 名社员、各类设施 150 余台（套）的国家级示范合作社，综合生产能力超 2.8 万亩，社会化服务超 10 万亩次。鼓励党员带头创业，桃林寺镇三新村党员牵头发展全链条现代化农业，每年种植加工收入 200 余万元，帮扶群众增收 120 余万元，带动村集体增收 32 万元。

坚持"能人带动"，鼓励回乡创业。吸引乡友带资本、带项目，举办汨罗市湘商回归暨"迎老乡、回故乡、建家乡"助推乡村振兴农业项目签约活动，2023 年集中签约农业、文旅、民宿等项目 26 个，总投资 42.52 亿元。鼓励专家带技术、带信息，组建专家智库，成立新农人培训学校，吸引科研院所、高等学校高端人才扎根农村一线，把新技术送到田间地头。支持能人当示范、当典型，汨罗镇九雁村引导能人返乡创业，采取"村党总支 + 公司 + 农户"的模式，发展生态农业，村集体年均增收 18 万元，带动 30 余名脱贫户就地就业。

二、盘活土地挖潜能

做活土地文章，坚持土里刨"金"、就地取"财"，呈现出资源要素激活、产业发展提速、农民收入增长的良好态势。"小田变大田"，变来了丰收。创新投融资模式，引导社会资本、金融机构、国有平台多元投入，将 78008 亩各家各户分散耕种的"巴掌田""斗笠田"集中连片改造成高标准"大田"，做到"田成方、路相通、渠相连、涝能排、旱能灌"。大面积推行机械化作业，不抛荒一丘田，不弃种一块地，为端牢饭碗、守住粮食安全筑实了"压舱石"，经验做法入选全省耕地保护十大典型案例，央视《焦点访谈》《新闻联播》以及中国《农村工作通讯》重点推介。

"土地有效流转"，转来了收益。推动土地集中连片流转，让大户降低成本，有规模效益；由村支部主导服务流转，合作社、种植大户主动提高流转价格，让村集体经济组织增加收入；坚持市级土地流转中心和村支部鉴证，签订正规流转合同，让经营主体得到银行授信，获得无抵押金融贷款。目前全市有效流转土地 31.25 万亩，农田改造、粮食生产、集体经济实现"多方共赢"。罗江镇石仓山村 6010 亩水田连片流转 4790 亩，集体经济增收 20 万元，农户收益 150 余万元，大户增收近 100 万元。

"农村宅基地制度改革"，改来了红利。稳步推进农村宅基地制度改革国家试点工作，实行存量超面积宅基地有偿使用阶梯式付费，全市村集体经济增收 737.84 万元，"以奖代投"撬动 3～10 倍的社会资金，成为建设基础设施、发展公益事业的有益补充。推动闲置农房旧房改造、租赁、流转，开展"我在汨罗有间房"活动，引导寓外乡友回乡参与乡村振兴，共盘活闲置宅基地、农房 105 处，增加村民收入 48.2 万元。

三、群众自治树新风

鼓励群众的事情群众议、群众办，引导群众共建共享文明美丽家园。升级一则村规——"婚事新办、丧事简办、余事不办"。坚持"大家议、大家定、大家认、大家守、大家评"，进一步修订完善"村规民约"，实行"事前劝导、事中监督、事后奖惩"，做到"婚事新办、丧事简办、余事不办"。汨罗镇武夷山村 1000 多位老人加入"老年协会"，全部自愿签订协议，约定百年后进行火化、葬入公墓，600 余座土坟全部迁入公墓，殡葬改革工作入选"湖南基层改革探索 100 例"，先后荣膺全国乡村治理示范村、湖南省文明村，被中央政法委誉为"新时代学用'枫桥经验'的典范"。

创新一大模式："冬夜围炉、夏夜纳凉、春秋话家常"。市镇村三级干部利用晚上、农闲时间组织村民召开"屋场夜话""把茶话桑麻"，坚持"冬夜围炉、夏夜纳凉、春秋话家常"，不拘形式轻松谈，不限时间随意谈，面对面问发展之计，实打实谋治理之策，心贴心解民生之困，迅速架起干群连心桥，有效凝聚社会正能量。广大人民群众满意度不断提升，全市社会大局持续稳定，汨罗连续 4 年获评湖南省综治工作先进县（市），2022 年成为全省平安建设重点推进县（市）。形成一种氛围："有时间就做志愿者、有困难就找志愿者"。全市各级各类志愿服务组织共计 586 个，志愿者达 9.98 万，占全市总人口的 14.9%，"有时间就做志愿者、有困难就找志愿者"蔚然成风。爱心帮帮"一个都不能少"助学项目帮扶广大农村学子，上榜全省最佳志愿服务项目。徐金娥深入山村扶贫济困三十多年，获评第八届全国道德模范提名奖，受到了习近平总书记的亲切接见。汨罗镇瞭家山社区创新"社区吹哨，志愿者报到"模式，家家户户都有志愿者，先后被评为"全国最美志愿服务社区""全国先进基层群众性自治组织"。

（作者系中共湖南省汨罗市委书记）

以"屋场"为单元激发基层治理效能
——娄底市娄星区积极探索以"屋场"为基本单元的农村基层治理模式

⊙ 李彦文

为加快推进基层治理体系和治理能力现代化，娄星区坚持以"一切工作到支部"为引领，积极探索以"屋场"为基本单元的农村基层治理模式，全区144个村划分为1042个屋场；分别成立屋场党小组、屋场理事会、屋场合作社，通过把党建触角延伸到屋场，让党员走近群众身边，构建起党建引领下的党的组织、村民自治组织、新型集体经济组织为一体的立体化"单元治理"格局，实现屋场事务从"管理"到"治理"再到"自理"的转变。2022年，成功列入全国乡村振兴示范创建县，获评全省打造内陆地区改革开放高地先进县市区、全省安全生产和消防工作优秀县市区、全省平安建设先进县市区，集中连片建成各级美丽"屋场"232个，"屋场"有关做法作为第五批全国乡村治理典型案例向农业农村部推介。

一、以"屋场"为农村基层治理基本单元的主要探索

（一）建好"屋场党小组"，筑牢基层战斗堡垒

各村按照血缘相亲、地缘相近、业缘相融原则划分若干屋场，屋场内党员组成一个党小组，屋场内党员较少的，相邻屋场成立联合党小组。一是理顺组织关系。屋场党小组在村党支部的统一领导下，发挥组织群众、宣传群众、凝聚群众、服务群众的功能，指导、支持志愿服务组织、专业合作组织开展工作。村党组织引导屋场内村支委成员、党员村民小组组长担任屋场党小组组长，或者指派能力强、威信高、口碑好的党员担任。全区8955名农村党员分别纳入1042个屋场，成立屋场党小组993个。二是

明确职责任务。制定出台娄星区全面落实"屋场"单元基层治理工作机制,明确屋场党小组工作职责任务,包括灵活多样开展党的组织生活和党员志愿服务活动,指导屋场理事会协调解决群众利益诉求、调解基层矛盾纠纷,指导屋场合作社发展产业,落实村党组织安排的其他工作等。三是发挥"两个"作用。创新完善"党小组 + 理事会""党小组 + 合作社"等工作机制,落实党群连心"五联五帮五到户"和无职党员设岗定责,推动党员干部深入一线、服务群众,充分发挥党支部战斗堡垒作用和党员先锋模范作用,彰显"困难面前有党员、党员面前无困难"的责任担当。

(二)建好"屋场理事会",发挥群众自治效能

每个屋场成立 1 个 3 ~ 7 人的屋场理事会,民主推选出处事公道、热心公益、群众信服的村民担任理事会成员,理事长原则上由党小组长兼任。一是当好屋场建设"组织员",助力乡村振兴。屋场理事会组织引导群众围绕人居环境整治、产业发展、美丽屋场建设等方面共商共议,充分调动群众积极性、主动性、创造性。2022 年在美丽屋场建设中群众筹资 1443 万元,撬动民间资金 1564 万元,筹工8294 个。二是当好矛盾纠纷"协调员",维护平安稳定。积极协调解决屋场内各项矛盾纠纷,做到屋场事屋场办,形成群众有困难、有问题先找理事会进行解决的问题反馈机制,积极打造"无信访屋场""平安屋场"。目前共组织召开"屋场会"6300余次,调解矛盾纠纷 1500 余起,全区 90% 以上首次出现的矛盾纠纷均在屋场处理到位。三是当好为民服务"勤务员",助力民事民办。屋场理事会成员紧密联系服务群众,常态化收集群众呼声,清单式解决群众诉求,在"屋场"这一平台打通服务群众的"最后一公里",已解决群众反映的问题 1769 个。四是当好移风易俗"宣讲员",促进乡风文明。屋场理事会引导建立村规民约,将持续开展文明节俭操办婚丧喜庆事宜、推进移风易俗、家庭家教家风建设、环境卫生整治等内容写进村规民约,遏制陈规陋习,规范村民行为,倡导文明新风。全区 144 个行政村均制定了村规民约,石塘村村规民约获评湖南省首届十佳村规民约。

(三)建好"屋场合作社",激活内生发展动力

全区组建屋场合作社 113 家,流转土地 7.6 万亩。重点解决好五个方面的问题:针对耕作碎片现象,解决好连片整理的问题;针对单户流转现象,解决好整片流转的问题;针对主体多元现象,解决好集体主导的问题;针对诉求不一现象,解决好

统一口径的问题;针对分散经营现象,解决好组织生产的问题。一是分得清、确好权。用好集体经营性建设用地、农户承包地、宅基地确权成果,召开屋场会统一思想,深入与农户沟通交流,明晰集体土地面积、集体资产数量和每户土地权属面积,并及时公布,做到公开透明。二是合得拢、入好股。屋场合作社引导村民以确权土地和闲置资源资产入股,形成土地适度规模经营,整体流转给村集体经济组织,由村集体整合助农资金,完善农用设施,打破村组、田埂隔阂,将"小丘变大丘"。蛇形山镇姚桥村以屋场为单位入股村集体经济,把村民变股民,全村高标准农田占全村耕地的 98.98%,村集体经济收入从 2019 年的"0"元增长为 2022 年的 21 万元。三是流得出、分好红。村集体经济组织将整理过的成片土地流转给市场经营主体,市场经营主体带着资金、技术和团队"拎包入驻",形成"村集体经济组织 + 屋场合作社 + 经营主体"聚合发展的新格局。

二、以"屋场"为农村基层治理基本单元的经验启示

一是必须坚持党建引领,把党的领导贯穿基层治理各方面、全过程。充分发挥农村基层党组织战斗堡垒作用,引领基层党员干部干在前、走在前,团结带领农民群众听党话、感党恩、跟党走。二是必须坚持群众路线,充分发挥群众主体作用。基层治理必须发挥群众主体作用,激发群众内生动力,才能把事干好。要善于发动群众、依靠群众,实现德治、法治、自治"三治"融合,推动形成干部做干部的工作、干部做群众的工作、群众做群众工作的良好氛围。三是必须坚持改革创新,推动乡村产业持续健康发展。乡村产业发展要植根于乡村,但更需要面向市场,必须创新产业投入模式和利益分享机制,以更多看得见、摸得着的发展红利让农民群众共享发展成果,形成企业发展、产业兴旺、农民富裕的生动局面。

（作者系中共湖南省娄底市娄星区委书记）

妥善处理危旧住房　推进城乡风貌整治
——以临武县南强镇为例
⊙ 唐波　李若君

2023 年以来，临武县为省旅游发展大会临武会场暨临武县第四届宝玉石文化旅游节顺利召开，采取了强化法治宣传、强化城区综合整治、强化道路交通整治、强化社会风险排查等措施，营造了良好的治安环境和稳定的社会环境。但是临武县仍有 120 余万平方米的危旧住房，闲置了大量的集体建设用地。要更好助力旅发大会、唱响美丽郴州、建设美丽临武，必须推进临武城乡风貌整治，处理危旧住房，建设更为净美、精美、秀美、和美的生态临武。

一、大量成片危旧住房的成因

临武县存在大量成片危旧住房的原因主要有以下几个方面：

第一，村庄规划滞后。临武县属典型的山地、丘陵地形，河流冲积了小范围的平地，千百年来，先辈择水而居，形成了湘南特色的聚集性村庄。村庄规划受当时生产、生活、自然条件的影响，建筑层数一般不超过两层，巷道满足当时一般自然采光和人、畜通行。村庄内部巷道窄，交通不便，清运建筑垃圾、建筑材料运到宅基地都需要人工。如果拆旧房建新房，此项费用大概需 3 万～ 4 万元，且村内环境卫生差，村民不愿拆旧房建新房。村民纷纷在交通方便的地方（进村道路两侧、环村路旁、临近村庄的机耕道旁等）建房。

第二，旧屋废弃闲置。随着经济的发展，青壮年劳动力大多到发达地区就业，相当一部分村里除了几个村干部基本上只有老人孩子或少数妇女留守村内。受交通条件、卫生环境的影响，原先的建成区一般只有几个孤寡老人居住。大量的废弃或闲置房屋，其设计老旧且年代久远，损坏程度严重，无法供村民继续居住，形成大量成片危、旧住房。

第三，重新规划实施困难。千百年来，村民的房屋（宅基地）大都是祖传或自己取得，对房屋（宅基地）感情深厚根植于血液中。尤其是家庭联产承包责任制后，村民个人意识增强，村级组织缺乏管理措施，难以有效重新规划村庄建房。

二、风貌提质的必要性

党的二十大报告中指出，扎实推动乡村产业、人才、文化、生态、组织振兴，统筹乡村基础设施和公共服务布局，建设宜居宜业和美乡村。生态宜居是提高乡村发展质量的重要保证。无论是个人层面还是国家层面都有必要妥善处理危旧住房。

第一，改善村容村貌的需要。人们普遍都想居住在道路宽敞、环境整洁的地方。通过近段时间到乡镇走访，村民都有改善居住环境的意愿，表示会大力支持拆危拆旧、重新规划村民建房工作。

第二，严守耕地红线的需要。一边是危房、旧房、杂房闲置了大量的集体建设用地；一边是村民新建住房又大量占用村庄周边耕作条件方便、土壤肥沃的耕地，严重影响临武县耕地保护目标。目前，我国耕地数量控制在国家规划确定的耕地保有量目标任务内，但耕地保护形势依然严峻。保护耕地就是要落实"长牙齿"的耕地保护硬措施，实行耕地保护党政同责。2023年的中央一号文件再次强调"严格省级党委和政府耕地保护和粮食安全责任制考核"。我们应该通过拆危拆旧来盘活存量集体建设用地来改善居住环境，达到村民建房不占或少占耕地的耕地保护目标。

第三，提升人民幸福指数的需要。人民对美好生活向往就是我们的奋斗目标。我们各级干部尤其是村干部一定要以拆危拆旧、重新规划村民建房工作为契机，寻求有效治理乡村的方法，促进乡风文明，营造生态宜居环境。

三、南强镇工作开展现状

第一，锁定目标、持续推进。南强镇坚决落实省市县"办会兴城"的决策部署，牢固树立"一盘棋"思想，召开工作动员会，专题研究部署，以"自拆为主，强拆为辅"打好拆违控违组合拳，并实行"镇干部+村党员+群众"互助模式，村委会干部和村支部党员带头，主动从自家废弃老房子拆起，逐步得到群众的认可和支持。截至 2023 年 5 月，南强镇已拆除违建房、危房、旧房、杂房、空心房 768 栋（间）、残垣断壁 100 处，拆除总面积达 37436 平方米。

第二，因地制宜、开拓创新。南强镇坚持每个村"一套班子、一个方案、一张图"的部署思路。各村成立危旧房拆除"专班"，制定符合本村实情的拆除"方案"，明确拆危拆旧工作任务、时间和先后批次。例如古山村在施工之前，理事会成员必须提前上门做好工作，并同时做到一户一照一量，户主本人签字，才可以拆除。周家村对拆除的危房、旧房，能够住的按每平方米 100 元（楼房是水泥楼板的按实际层数算），倒塌的为每平方米 60 元进行补助。拆除危、旧房屋均以房屋入股形式进行投资，拆除地基由村委统一规划、统一拍卖。补偿款按拍卖款根据实际平方补偿到户。

第三，统筹规划、打造亮点。以争创"美丽乡村蝶变"为目标，南强镇开展多轮实地考察调研，深入谋划风貌样板区建设计划。注重里子与面子相结合，突出特色亮点，避免"千村一面"。例如龙水村积极引导群众就地取材，自发用竹篱笆装扮美丽家园的同时，立足得天独厚的资源优势，大力发展竹篱笆加工产业，用竹篱笆作为隔离围栏，既提升了乡村"颜值"，还可以为村民打造一条致富路子，可谓一举两得。

四、存在的困难和问题

第一，资金缺口大。群众缺乏资金，村内危旧房的拆除力度不够。资金主要靠各村自筹，导致普遍存在资金不足问题，资金得不到有效保障。

第二，群众思想认识不够到位。群众参与城乡风貌提升工作意识不强，积极性有待进一步加强和引导。

第三，各村基础设施较薄弱。各村前几年缺少统一布局和规划，没有坚持因地制宜、实事求是的原则，也没有考虑到城乡风貌规划对于生产生活的影响，造成村庄规划单一、缺乏特色建房、用地协调难度大、房屋较零乱等问题。

五、相关的对策措施

为了加快推进临武县老旧小区改造提质，提高居民的生活品质和幸福感，促进城市的美化和发展，提出以下建议：

第一，加大政策支持和资金投入。要加大财政资金的投入力度，充分利用中央预算内投资、专项债券、专项资金等渠道，争取更多的项目支持和补助资金。要鼓励社会资本参与老旧小区改造提质，通过政府购买服务、委托管理、合作共建等方式，引入专业化的物业公司、建筑公司、金融机构等社会力量，形成多元化的投融资机制。

第二，坚持居民主体和自愿原则。要充分尊重居民的意愿和需求，通过发放征求意见表、召开座谈会、建立微信群等方式，广泛听取居民的意见和建议，及时回应居民的关切和诉求。要在改造过程中加强与居民的沟通协调，做好施工时间安排、安置补偿、施工安全、环境保护等工作，尽量减少对居民生活的影响。

第三，突出重点和特色，提升品质和效益。要注重提升老旧小区的基础设施和公共服务水平，加强水电气暖路网等管线设施的更新改造，增设电梯、垃圾分类设施、养老服务设施、智能化管理系统等配套设施。要充分挖掘老旧小区的历史文化价值和地域特色，结合临武县"四城同建""文明城市创建""百城建设提质工程"等工作要求，打造具有临武特色的美丽宜居小区。

第四，完善长效管理机制，保障改造成果。要建立健全老旧小区改造提质工作各项机制，明确各部门、各单位、各岗位的职责分工和工作任务，形成工作合力。要加强对改造项目的监督管理和质量把关，强化对改造后小区的后续管理和维护保养，建立健全小区自治组织和规章制度，发挥基层党组织和居民群众的主体作用，营造良好的社区氛围。

（作者唐波系湖南省临武县南强镇副镇长；李若君系湖南省临武县委党校科研室主任）

三农论剑

警惕乡村出现资源单向流出性衰败

⊙ 郑永年

党的十八大以来的一个重大理论贡献，就是搞清楚了中国现代化的含义，即中国的现代化并非西方化，而是中国传统本身的现代化。

在理解现代化方面，近代以来我们是具有深刻教训的。五四运动之后很多人都简单地把现代化理解为西方化，甚至是全盘西化，因此简单地照抄照搬西方制度，但各种努力都失败了。

中国共产党是马克思主义的信仰者，马克思主义中国化之后，中国共产党才走上了成功的道路。马克思主义都要中国化，那就根本不用说其他西方的主义了。我们谦虚地学习世界上一切好的经验实践，但绝不是照抄照搬。鞋合不合适，只有穿鞋的人才知道。

这种认识也反映在乡村振兴上。这些年来，习近平总书记就农耕文明和传承发展提升农耕文明有过很多的重要论述。这些也代表着在经历数十年的高速城市化之后对乡村的一种哲学思考。

正因为如此，才有党的十八大以来的美丽乡村建设进程。党的十八大之后，农村建设被提升成为一个系统的工程，即精准扶贫和美丽乡村建设。在精准扶贫之后，共同富裕无疑是今后美丽乡村建设的重要一部分，甚至是核心。

无论从欧洲还是日本的经验看，共同富裕是美丽乡村的经济基础。只有共同富裕才能育人、吸引人和留住人。一个贫困的乡村，即使再美丽，也吸引不了人，留不住人。

尽管美丽乡村建设正在如火如荼地进行，但如何实现共同富裕仍然是一个巨大的挑战。共同富裕不仅仅体现在城乡之间，更体现在乡村内部。

今天，一些乡村面临着一个巨大的困局，我把它称为"资源单向流出性衰败"。在这些农村，壮劳力大都已经外出进城打工，成为农民工的主体，留在农村的大多是老弱病残妇幼。再者，农民有了钱，就到城市买房；有了钱，就把孩子送到城里读书和就业。在很大程度上，进城和成为城市居民是大多数中国农民的"中国梦"。这种状况在今后也不会有很大的变化。农民的行为合理，因为较之农村，城市确实具有更多的优质资源。

如何解决这个问题，需要我们深刻考量。如果仅仅靠国家和政府的投入，不足以实现农村的可持续发展。这些年来，在很多地方，政府投入很大，的确改变了农村的面貌，但一旦政府投入减少或者停止，那么农村有可能再次回到旧貌。政府的投入可以延迟农民进城，但不能保证农民不再进入城市。

从欧洲国家的经验看，只有实现了城乡的双向流动，才能实现农村的可持续发展。在世界范围内，不仅在发达的西方国家，而且在很多发展中国家，都有一个普遍的现象：富人的乡下，穷人的城市。穷人选择居住在城市，既是因为城市有比较多的就业机会，也是因为城市便利的交通。而富人则不需要这些基本条件，并且往往向往享受乡村的风光。

我们可以得到一个启发，那就是要实现城乡的双向流动。如果说，进城是农民的"中国梦"，那么返乡也应当是城市居民的"中国梦"。

"返乡"是中国数千年农耕文明的一个特色。传统社会数千年，乡村治理的主体是接受过儒家教育的儒生，或者绅士。他们是农村文化的主体或者载体。"士农工商"这几个阶层，不管在哪里发财或者当官，最终的落脚点都在乡村。甚至连移民到海外的中国人，也往往不忘他们出生或者曾经养育过他们的乡村。

中国人即使到了海外，也存有"回乡梦"，期望落叶归根。现在看来，我们要实现城市居民返乡的"中国梦"并不难。户籍制度已经松动，也就是说，已经有了一半，即容许农民成为城市居民。我们所需要的是把后一半也做起来，即容许城市居民返乡，再次成为农民。

中国农村"三权分置"的土地制度，即所有权、土地承包权、土地经营权，可以为实现这一"中国梦"提供制度条件和物质条件。此外，还可以用各种制度规则来防止传统社会经常发生的土地集中现象。

简而言之，要处理好三个主体：政府、社会资本、农村老百姓之间的关系，政府要规制资本，既应当容许社会资本进入农村和建设农村，也应当防范社会资本进行传统那样的土地集中。

政府履行这个角色并不难。只有实现了城市居民的返乡梦，乡村才能拥有必需和充足的资本，实现可持续发展。这一点在世界各个国家都可以观察到，因为只有城市中上层来到乡下，学校有了，医院有了，其他的基础设施也会跟上。如果不能引入社会资本，农村兴盛还是会有难度。

城市文明是因为城市拥有城市居民这样一个文化载体。农村的盛衰不仅仅是经济上的，更是文化上的。我经常到农村去做调研，担心的不仅仅是物质上的事情，更是农村文化的贫乏。如果政府通过鼓励城市文化人退休之后回乡，那么这种现象可以得到有效的改变。现在 60 岁就退休了，如果容许回乡，就可以把文化和资本带到乡下去。

农村需要拥有良好的教育体系和健康的现代文化，通过城市居民回乡这样的方式，可以实现可持续的乡村发展和建设。

［作者系香港中文大学（深圳）校长、讲座教授、全球与当代中国高等研究院首任院长］

由农业大国向农业强国转型需要关注哪些问题

⊙ 张红宇

中国要强，农业必须强。我国由农业大国向农业强国转型，不仅是推进农业农村现代化的必然要求，也是中国式现代化道路的必由之路。把握农业强国建设的特征内涵、目标任务，解决好重大问题、处理和平衡好相互关系，决定了建设有中国特色农业强国的道路选择。

一、农业强国要体现国情

全球农业强国有共同特征，也有基于本国国情农情表现的自身特点。从农业强国的一般表现来看，可将全球农业强国归纳为两大类。一类是基于农业资源禀赋丰裕，人少地多，以机械装备替代劳动力，强调农业劳动生产效率不断提升表现的强势农业模式，美国、加拿大、澳大利亚为典型的规模化农业强国；一类是农业资源禀赋相对稀缺，人多地少，以技术、资本替代土地，强调土地和资源配置效率不断提升表现的强势农业模式，荷兰、以色列、日本为典型的精细化农业强国。

区别于全球农业强国规模化、精细化农业模式，我国农业基于经济社会发展的国情特征以及农业多元资源禀赋、产业类型、经营方式的农情表现，推进农业农村现代化，建设农业强国应有鲜明中国特色。

资源禀赋丰富多元。我国幅员辽阔，地形地貌复杂，气候、物种具有显著的多样性，土地、水资源分布不均，加之经济社会发展不平衡、农耕文化传承不同，差异性成为我国农业最显著特征。资源禀赋多元，决定了农业产业产品生产类型多元，有的区域重在规模化生产，要求提高农业劳动生产效率；有的区域重在集约化经营，要求提高土地产出效率；有的区域适宜粮食等资源性农产品生产；有的区域适宜特色农产品生产，多元化成为我国区别于全球规模化、精细化两大农业模式的第三种模式选择。换言之，我国建设农业强国，要依据国情农情，要有自己的选择，走自己的道路，成为全球由农业大国向农业强国转型的成功范例。

"大国小农"经营方式显著。以农户家庭为基本经营单位是我国农业大国底色。尽管这些年家庭农场、农民合作社、农业企业等各类新型农业经营主体不断发育壮大，小农户也在工业化、城镇化推进过程中不断分化，但普通农户数量仍达2.6亿户，占农业经营主体的95%以上，顺应"大国小农"基本国情农情，在建设农业强国中，帮助、发展、富裕小农户，创新农业经营方式，实现小农户与现代农业有效衔接，以有中国特色的农业经营方式为全球提供小农户发展模式意义重大。

充分满足食物供需平衡。我国作为人口大国和农产品消费大国，满足十几亿人口的吃饭问题始终是"国之大者"。2021年我国生产了6.83亿吨粮食、8990万吨肉类、6464万吨水产品，不仅粮食等重要农产品总量为全球第一，人均占有量也远超世界平均水平。蔬菜、水果等多元化食物总量和人均占有量在全球更具有极其重要的地位。但与此同时，我国也是全球最大的资源性农产品进口大国。如何最大限度地降低资源性农产品对外依存度，实现食物供需平衡，在相当长历史时期内是我国建设农业强国需要解决的最重要任务。

适应发展阶段要求。党的十八大以来，工业化、城镇化、信息化、农业现代化快速推进，我国国内生产总值从54万亿元增长到114.4万亿元，人均GDP稳居中高收入国家前列，并将跨入高收入国家门槛。但四化同步发展，最大的不协调仍是工农两大产业发展不协调，最大的不平衡仍是城乡发展不平衡，最大的不充分仍是农村发展不充分。应对推进农业农村现代化面临的挑战，坚持农业农村优先发展，决定了我国建设农业强国必须健全体制机制，形成以工促农、以城带乡、工农互惠、城乡一体的新型城乡关系，促进城乡融合发展，建设与中国经济体量和工业、服务业水平相当，吻合发展阶段的农业强国。

中国特色农业强国有特定内涵，充分体现我国国情和农情，不仅要关注农业生产力发展，也要不断完善农村生产关系；既要满足人口大国的食物充分供给，也要适应经济社会发展阶段性要求。

二、农业强国有基本要求

从中国式现代化特征看农业强国建设，基本定位要求坚持以我为主的产业安全观，以自己的资源解决自己的问题，以自己的供给满足自己的需求。为此，一方面要促使农产品生产总量、产品类型供给、重要农产品储藏供给能力与我国经济总量，工业化、城镇化发展阶段决定的大国地位相称；另一方面要继续促进农村人口向城镇转移，农村劳动力分工分业，减少农业从业人员，提升农业从业人员的劳动生产效率，促使农业与非农产业从业人员收入均衡。

简言之，增产增收构成我国建设农业强国两大目标。在此背景下，建设农业强国要着力在农业强、农民富、农村美、可持续四方面下功夫、做文章。

保障重要农产品充分供给。粮食等重要农产品充分供给是我国建设农业强国最基本也是最重要任务。为此，要坚持"谷物基本自给、口粮绝对安全"的底线要求，在保障粮食总量安全的前提下，统筹粮、棉、油、糖、肉、菜、果等重要农产品供给优先序。树立大食物观，向森林、江河湖海、设施农业要食物，向植物、动物和微生物要热量、要蛋白，构建多元化食物保障体系，牢牢把握解决吃饭问题主动权。同时，突出我国农业资源禀赋多元优势，聚焦农业供给侧结构性改革，既保"粮袋子"产品安全，又保"菜篮子"产品安全。

促进农业从业者收入增长。不能为从业者带来平均利润率水平以上收入的农业，很难被认为是强国农业。换言之，促进农村劳动力分工分业，减少农业从业人员，在维护小农户根本权益的基础上，推进农村土地规模经营和服务规模经营，提高土地产出率、劳动生产率和农业资源利用效率，挖掘农业从业者在农业内部的增收潜力，努力使农业从业者获得全社会劳动就业人员的平均收益，提升农业从业者的人力资本和生产积极性，让农业从业者成为有尊严的职业选择。

建设宜居宜业和美乡村。大国农业要充分体现农业多元功能和乡村多元价值。遵循城乡发展建设规律，统筹县城、乡镇、村庄规划布局。在保障粮食和重要农产品产出的基础上，发展特色产业，富县、富民、富区域。实施乡村建设行动，继续把公共基础设施建设重点放在农村，往村覆盖、往户延伸，补上短板。提高农村教育、医疗救助水平，促进养老事业发展，增强农村公共服务能力。聚焦农村厕所改造、垃圾分类集中处理，继续整治农村黑臭水体和面源污染，提升农村环境卫生质量。加强农村精神文明建设，完善乡村治理体系，推动形成文明乡风、良好家风、淳朴民风，呈现宜居宜业和美乡村新面貌。

促进人与自然和谐共生。绿色发展既是理念，也是农业可持续发展永恒的主题。历史经验反复告诉我们，什么时候尊重自然、保护环境，自然界就给我们带来丰厚的回报；什么时候轻视自然、破坏环境，自然界就给我们留下深刻的教训。牢固树立和践行"绿水青山就是金山银山"的理念，坚持山水林田湖草沙一体化保护和系统治理，宜林则林、宜牧则牧、宜渔则渔，宜粮则粮。严格保护耕地，提升耕地质量，强化土壤污染治理和修复，着力解决土壤重金属超标问题，实行耕地轮作休耕制度。健全绿色低碳循环的农业产业体系，实现投入品减量化、生产清洁化、废弃物资源化、产业模式生态化。通过市场化、多元化的生态补偿机制，推动绿色发展，促进人与自然和谐共生。

三、农业强国有路径选择

实现农业强国的建设目标，既需要通过市场机制平衡相关利益关系，又需要强化政府行为导向，解决重大问题，丰富完善相关政策工具，保障农业强国目标任务如期实现。

解决关键问题。建设农业强国，最重要的任务是保障粮食等重要农产品产出，满足国民基本需求，实现供需平衡，这是全球各国农业发展共同的目标任务，也是农业强国的重要特征。我国粮食等重要农产品生产供给，在当前和今后一个长时期会处于供需紧平衡态势。因此，要聚焦资源、科技、人才三大问题，补短板，强弱项。

聚焦我国人均耕地资源占有不足的问题，党政同责保数量、提质量、挖潜力，严防死守18亿亩耕地红线，突出高标准农田建设的极端重要性，逐步把永久基本农田全部建成高标准农田，花大力气提升现有耕地的增产潜能。不断挖掘农业科技增产潜力，集成农业生物技术、装备技术、绿色技术和数字技术，针对我国最紧缺的粮食和资源性农产品，突出生物技术研发，抓单产水平提升，补上科技短板。提升农业从业人员的人力资本，通过学历和职业教育，培育农业从业者的职业素养，让专业人干专业事，充分释放农业从业者生产积极性。

（一）平衡相关关系

在新形势下建设农业强国，需要处理和化解相关利益关系。一是粮食总量平衡与结构平衡。我国粮食连年丰收，但总量平衡难度越来越大。按全口径粮食自给率计算，"十一五"时期粮食的自给率首次低于95%，2012年已降到90%，2021年再次降到80%左右。

从粮食结构看，小麦、水稻作为口粮做到绝对安全没有悬念，但作为饲料的大豆对外依存度高达85%左右，玉米2021年对外依存度也达到10%。要统筹各类要素资源配置，确保粮食总量平衡与结构平衡。

二是规模化生产与集约化经营。多年实践反复证明，决定农业从业者收益的重要因素绝非产业，而是规模。工业化、城镇化持续推进带来的最大绩效是从事农业的劳动力不断减少，农业劳动生产效率不断提升。但2021年从事第一产业的劳动力仍达22.9%，对应的第一产业增加值占比为7.3%。农村居民收入与城镇居民收入比为1∶2.5。如何进一步减少务农劳动力，实现就业结构与收入结构均衡任重道远。

三是市场配置资源与政府行为导向。从全球农业发展看，农业弱质产业的特征，促使对农业进行支持保护，成为全球各国农业发展共同的选择，也是发达国家农业强势的本源之一。我国加入世贸组织之后，对农业的支持保护力度不断加大，政府行为不仅支撑了重要农产品产出不断增加，也对农业从业者收入稳定提供了基本保障。但如何在世贸组织框架内，强化对粮食等资源性农产品生产经营提供支撑，需要创新思路，实现支持保护政策可持续。

四是农产品充分自给与适度进口。粮食等资源性农产品要努力提升自给率，充分供给，最大限度实现供需平衡。适度进口非资源性农产品，最大程度满足城乡居民对多元化农产品需求。

（二）实施制度创新

制度约束行为，制度激活市场，制度推动发展。建设农业强国，需在制度创新上有所作为。一是土地制度。在坚持农村基本制度不动摇的基础上，进一步释放土地"三权分置"的制度效应，保障农户承包权，发挥其财产功能，推进土地经营权有序流转，优化配置土地资源，促进农业适度规模经营发展。

二是经营制度。既要考虑到小农户兼业经营的普遍性和长期性，又要大力发展家庭农场、农民合作社、社会化服务组织以及农业企业等新型农业经营主体，推进规模化、专业化、区域化和集约化经营，努力实现工农两大产业产出效率均衡、利益分配均衡。

三是金融保险制度。建立商业金融、政策金融、合作金融有机统一、协作高效的金融体系，创新服务产业、服务主体的金融产品和金融工具，发展数字金融，提升普通农户和各类新型农业经营主体金融获得感。完善政策性农业保险制度，增加政策保险覆盖品种，发展再保险和巨灾保险事业，支持商业保险创新保险险种，探索信贷＋保险＋期货等多种政策组合模式，止损减损，保增产增收，保产业安全。

（三）加强宏观调控

加快建设农业强国，应充分发挥政府行为导向作用。一是转变观念。体现建设服务型政府的要求，着力提高农业公共服务能力，为农业发展创造良好外部环境。增强农业综合生产能力、抗风险能力、国际竞争能力，加快农业强国建设步伐。

二是创新思路。既要服务小农户发展，又要服务于家庭农场、农民专业合作社、社会化服务组织、农业企业等新型经营主体。既扶持农林牧渔业等资源性产业发展，又扶持农产品加工、乡村观光休闲旅游、"互联网＋"等新产业、新业态。

三是创新手段。保障国家粮食安全，需要通过提高粮食最低收购价水平，增加种粮补贴，控制生产成本等经济手段，调动从业者种粮积极性；提高农产品质量安全水平，需要通过完善市场准入制度、加强农产品市场监管等法律手段，形成完善的监控体系；稳定农产品市场价格，需要综合运用价格保护制度、健全市场体系、强化储备能力等经济手段和维持市场秩序等法律手段，增强产业链、供应链韧性。

四是开阔视野。一方面，随着农业和国民经济的联系越来越紧密，要更加重视宏观经济形势对农业的影响。特别是随着农产品的金融属性、能源属性日益凸显，货币政策、能源价格、投机资本等因素对农业的影响不断加深，需要密切关注。另一方面，应坚持把我国农业置于全球农业发展大环境中，研究带有全局性、前瞻性的重大问题，巩固和提升我国农业在全球地位和话语权。

五是提升能力。随着外部环境的不稳定性、不确定性明显增强，农业领域突发事件不断增多，自然灾害、农产品质量安全、农产品价格波动等常态风险，包括经济社会发展外部环境变化，特别是农产品全球贸易带来的非常态风险频发多发，外部社会风险、贸易风险，甚至地缘冲突风险传导对农业的冲击加剧，需要运用相关机制，增强处置突发事件的能力，提高农业风险管理水平。

（作者系湖南师范大学中国乡村振兴研究院专家委员，中国农业风险管理研究会会长）

创意农业把传统农耕变成诗和远方

⊙ 杜志雄

现代社会中，农业不只有面朝黄土背朝天的传统模样，也不只有大机器纵横阡陌的壮观景象，农业也可以很精致、很美好，也可以是梦想中的田园模样。而实现这一梦想的，便是创意农业。

一、蔚然成风的创意农业

从植物工厂到都市农业，从阳台种菜到庭院农业，现代社会中，农业生产的边界，不再局限于农村和耕地，哪怕在都市的一点点空间里，也能实现种菜养花的理想。而这些，都是创意农业的一部分。

何谓创意农业？创意农业是指以"农业"为基础，与自然、生态、文化、科技、艺术、民俗等要素实现有创意的融合、最优化的配置，从而实现农业生产模式和功能转换，并提升农业价值的综合化农业。简单来说，现在流行的新田园经济、绿色农业、科技农业、数字农业、庭院农业、生态农业、休闲农业、精致农业、品牌农业、复合型产业、都市农业、观光农业等，都可以列入创意农业的范畴中。

创意农业诞生于19世纪60年代，最初出现于意大利，当时意大利农业与旅游全国协会通过各种方式，吸引都市居民到乡下享受农作的乐趣，以此增加农业的附加值，由此诞生了创意农业的概念。20世纪末，创意农业引入中国，此后一些省会和大城市郊区率先开始实践，且主要是通过将文化、科技、艺术等相关的因素植入农业，通过将消费者拉进并参与到农业生产场景中来，提高农业和农产品的价值。中国自从引入创意农业概念后，各种形式的创意农业实践在中国迅速兴起，发展到今天，已经蔚然成风。

二、科技推动的农业创意

现代社会中，科技的高速发展和快速迭代，推动了创意农业的发展。创意表现为传统产业与新科技、新市场或新需求、新理念的结合。当今世界，科技革命引发的产业（包括农业）的创意发展无处不在。传统农业也只有在新科技、新需求和新理念指导下，融合自然、生态、文化、科技、艺术、民俗等多元要素，才能实现凤凰涅槃，形成农业现代化和高质量发展的格局。

农业现代化，是现代化中重要的部分，创意农业的发展，对农业的现代化产生过重要的助力。认识和理解农业现代化，抽丝剥茧地在本质意义上，找到农业发展和现代化共有且可循的规律尤为重要。从世界农业发展的趋势及中国改革开放 40 年来的农业现代化的演化特征出发，可以将农业现代化具体为"八化"，即生产主体规模化、生产手段机械化、生产方式生态化、生产运作资本化、产品销售品牌化、产品延伸加工化、产业形态融合化、产业系统组织化。这"八化"可用中国汉字的"兴"字来表达。同时，"八化"特征越强，农业就会越加"兴"旺，农业生产者越能增收、农产品消费者越能增利、农业投资经营者越能获得合理回报，从而推进现代农业产业链利益相关者共赢、共享，人民高"兴"。

农业现代化的每一个"化"中，都有"创意"的推动和引领。创意农业寓于农业现代化过程之中，同时农业现代化也是创意农业发展的具体场所和发挥功能的巨大舞台。

三、多元融合促进价值增值

二十大报告提出了农业强国建设这一全面推进乡村振兴的新目标。如何进一步促进乡村的振兴，助力农业适应市场变化，实现产业融合促进产业增值，创意农业可以起到重要作用。

中国已然是一个农业大国，这是不争的事实。但同时，它还不够强，和农业发达的国家仍有差距，这也是事实。不够强的最重要表现在于，一方面粮食这个最重要的农产品，在供给上还不是那么稳固；另一方面，粮食以外其他农产品已整体进入供大于求的市场格局。以上两种情形下，农产品价值都难以得到充分体现，致使劳动生产率低，农业生产者收入提高慢。解决好这两个基本问题，是农业强国建设最为核心的问题。

如何更好地保障粮食安全，同时解决其他农产品市场效益的问题？保障粮食安全问题，需要像二十大报告里提出的"全方位夯实粮食安全根基"那样去解决，这其中当然也会有创意理念的运用问题，尤其是科技力量的运用。而面对蔬菜、水果、肉类等其他农产品的市场问题，创意农业非常必要，当前，许多农产品供大于求、产品价值增值难，与此相关甚至是由此决定的劳动生产率低和生产者收入增长慢，这是农业领域普遍存在的问题。在这方面，创意农业通过农业农产品与其他产业及其产品与服务融合发展的形式，对促进农产品增值、农业生产者增收作用更大，也更为明显。

四、创意农业是大势所趋

进入新时代以来，推动和支持创意农业发展，已经得到政府和社会的普遍重视，并成为提升农产品价值、传承乡村文化、促进农民就业、促进农民增收的重要渠道。

过去多年中，我国亦多次出台支持创意农业的政策，梳理近年来的政策文本，可以发现，2015年之后，创意农业开始频繁出现在中央文件中。2015年8月，《关于积极开发农业多种功能大力促进休闲农业发展的通知》提出，休闲农业发展要与农耕文化传承、美丽田园建设、创意农业发展相结合。2016年和2018年的中央一号文件中，均有创意农业的明确表述。同时，一系列涉及乡村振兴和"三农"发展的文件、规划等都注重创业农业发展问题，如在《2022年数字乡村发展工作要点》里也明确提出要推进休闲农业、创意农业、认养农业等基于互联网的新业态发展。

在现实实践中，创意农业也在快速发展，当前，全国各地已出现了众多资源利用型、休闲旅游型、全景产业链型、产业融合型、主题创意型、农业文化传承型、景观农业型、区域品牌型以及多元创意组合型等创意农业模式。这些模式虽然创意要素各异，但其体现的创意本质，却大体相同，主要有主题创意、经营创意、营销创意等特征。并且，无论是哪种类型和模式，其最明显的功能，都在通过不断丰富的业态，推动农产品和乡村整体价值的提升，进而在传承文化、丰富和活化乡村生活等方面产生连带效应。

五、多途径解决现实困境

创意农业引入我国二十多年，其在整体推进农业现代化、提升农产品价值增值、促进农业生产者增收等方面的作用明显。但同时，也面临发展的困境。

当前创意农业的发展，仍存在一些普遍的问题，如因认知不足而导致的发展不充分问题，因人才匮乏而导致的发展缓慢问题，因缺乏整体规划而导致无序化发展和同质化严重等问题。因此，从创意农业发展的趋势看，坚持因地制宜、与时俱进的原则，充分利用地域特色，加速推动创意农业的发展，达到良好的经济效益、社会效益和生态效益的统一十分重要。

如何才能让创意农业的发展突破瓶颈，为促进农业现代化、产业增值、农民增收提供更多助力？首先，要强化宣传推广，提高认知水平，增强全社会对创意农业的认同感。其次，坚持市场主导、政府引导的原则，政府要在加强政策引导、加大扶持力度上发力。一方面要通过农民、投资者和从业者参与的规划方式，在不同区域形成农业特色产业发展的分工；另一方面，要通过财政、金融、人才、土地、科技等多方面的政策引导，不断为创意农业的发展创造有利条件和有益环境。最后，加强人才培养。创意农业本质上是一个知识密集的产业，是超越传统农业，把农业真正变成诗和远方的产业，其创新要素和创新能力来自高质量的创造性人才，不仅如此，有创造性的人才对创意农业发展更为重要。这方面，需要充分挖掘农村本身的各种乡土人才，同时开展更能符合创意农业发展人才需要的专业人才培养培训工作，实施创意农业人才和创意农业经营主体联合培养工程。此外，还可以通过开展创意农业的人才评定等工作，带动政策和市场资源向创意农业转化。

信息技术可以将人与人从巨大物理空间变得近在咫尺，创意农业可以通过多元素注入创造无限潜在价值，这是如今吸引那么多的新农人进入农业全产业链的两大根本诱因。农业充满艰辛，充满源于自然与市场因素导致的不确定性，尽管它本就是充满诗的远方，但它还需要通过创意发展，才能真正把农业变成更多人的诗和远方。

（作者系湖南师范大学中国乡村振兴研究院专家委员，中国社科院农村发展研究所党委书记、研究员）

乡村为何是政府在建农民在看

⊙ 李小云

　　我在云南很多地方做乡村建设的工作，一个总的感觉是，乡村主要是政府在建、农民在看。想把一个村子建设得好，乡里的干部和村里的干部是最辛苦的。我在云南10多个村工作，建了10多个工作群。我不在村里的时候，就每天通过工作群沟通。前一段时间，云南大部分地区下大雪，我看到昆明、昭通和临沧的几个村子，被大雪覆盖，好几个乡镇的领导都在村里工作。

　　一年多以前，我们开始昆明宜良麦地冲村的乡村建设，镇里的女书记一年多来几乎都在村里工作。我曾经和她开玩笑说："你没有家吗？"我在云南罗平县的一个村里见到乡里的书记，我还以为是村民，他说他几乎每天都在村里跑。我和腾讯的朋友一起在重庆酉阳的一个村里工作，每次去，都会发现来村里搞建设的人很多，四川美术学院在村里搞了很多的"乡土艺术品"。实话说，在这些村里我还真的没见到农民在搞"乡村建设"。

　　很多时候，农民都是站在门口，看着我们这些人走过来。干部辛苦在乡村当然是好事，说明他们在认真落实中央的政策，社会各界到村里来说明乡村有价值，他们投入乡村建设也是好事。问题是农民为何缺位呢？

　　新冠疫情以前，我经常去日本和韩国，日本和韩国的朋友说他们的乡村当初也很落后，但随着社会经济的发展，乡村也逐渐发展起来了。我问他们乡村的变化是如何启动的。日本的朋友说20世纪五六十年代政府在乡村投入道路、卫生设施等建设工作，还对村民卫生习惯进行教育等，就像我们今天弄的村容村貌治理。

韩国的朋友说 20 世纪 60 年代韩国政府出钱买水泥，鼓励农民自己修村里的路，改变村民的卫生习惯，很像我们现在搞的以工代赈建乡村。欧洲的情况看起来不大一样。我问荷兰、德国和英国的朋友他们乡村发展的事，至少没有听他们说过有和日韩、和我们一样的"乡村建设"，当然他们也有自己的"乡村建设"。

我在昭通的一个村里看到一位村民坐在自己家门口，房檐下挂着春夏秋冬没有洗过的衣服，院里杂乱无章堆着各种东西，这让我想到了我在韩国乡村看到一位年长的农妇一大早在自家庭院里收拾、美化的场景，让我想起了早年我在德国巴伐利亚州的农户家里，农夫一大早起来在自家院子里摆弄花的情景。我问这个村民为什么不把那些衣服洗一下、放起来，为什么不把院子打扫整理一下。他抽着烟，笑着看着我们，没有作答。

我的同事宋海燕到河边村工作时，总是住在村口的黄志成家。他家有乡村酒吧，外来的客人都喜欢坐在那里喝茶饮酒。我们出资修建了他家的卫生间，并且改造了好几回。宋海燕经常为卫生间不干净教育黄志成，黄志成总是笑着说："忙啊，顾不上，晚上割胶，回来就想睡觉。"很有意思的是，黄志成经常说"卫生间都比人住的房间好了啊"。

一位在中国贵州为日本援助项目工作的日本专家告诉我，当年日本农村也是这样，日本的农民对于"干净和卫生"的反应很迟钝。他的话让我产生了很多思考，任何人都对能给他们带来直接利益的东西反应敏感，农民也不例外，但为何农民对于"干净和卫生"反应迟钝呢？其实河边村黄志成的玩笑话说出了其中的道理。

在乡村工作，常常看到干部组织农民搞村容村貌整治，大多数农民都积极响应，但还是有一些农民不愿意参加。干部会说农民懒惰、卫生习惯不好等。我给村干部说城里小区难道是住户自己打扫卫生吗？何况城里高端的小区楼里面也堆着很多东西，许多人连自己门口都不打扫，依赖物业工人，我们咋能说农民懒惰呢？我一直都重申我不是一个为农民代言的人，虽然我也有一点文化的自觉性，但我不是农民，没有基于作为农民的本质利益，所以无法形成真诚如一的农民立场。所以，我在乡村也是和干部一样教育农民成为自己乡村建设的主人。

城市不仅有完善的基础设施，如排水系统、污水处理、公共卫生场等，还有维护这些设施的服务机制，也就是说城市有一套完整的市政系统在帮助自身运转。城市的干净和美化主要靠不断地投入资金和人力来进行维护，而不是城里人的觉悟和参与。

虽然现在的乡村基础设施有了很大的改善，但是很多的乡村基础设施落后，雨雪之后，道路泥泞，清理起来十分困难。去年，我每次去昭通的大苗寨都赶上下雨，不得不穿上雨鞋。今天的城市，即便一个小县城，还有谁出门穿雨靴呢？更为重要的是，大多数的乡村没有公共服务，没有污水处理、垃圾处理设施，也没有资金雇用专门的人员从事类似市政的服务。乡村只能通过各种各样的"村规民约"以及名目繁多的各种奖励惩罚措施来维护村庄的卫生。所以我们用城市的"干净美化"对比乡村的"脏乱"来指责农民懒惰是不公平的。

我在很多地方都讲，要推动建设乡村的现代化，在这过程中，政府一定要投入。中央要求把基础设施的建设和社会公共服务向乡村延伸就是这个意思。所以，我工作的那些村里都坚持以工代赈建设乡村基础设施，反对让农民义务投工投劳。另一方面，我们在村里建很多的设施，其实农民都不太需要。比如说建一个图书室，很多图书室一年到头都没人去。图书室的很多书农民都不感兴趣。很多村庄都建设健身小广场，对一些城市化的村庄而言还是有用处的，但是对于多数的村庄而言，农民一天干活早出晚归，正如农民自己说的那样，"我们天天都在锻炼身体"，因此这些设施也大多都闲置。很多村庄建花园，种了花和草就得去维护，增加农民的负担。所以很多的乡村建设的事，农民不积极不是因为他们不喜欢干净美好，而是很多的建设不是他们切身的需要。

我讲这些不是说乡村建设不好，相反我自己就投身在乡村的建设中，我工作的那些村的干部和村民都知道我每天都在弄这些花花草草，我希望乡村美化起来，就像欧洲那样的乡村。

我说的主要意思是，乡村建设是一个系统的工程，需要基于农民的需要和现代化的需要从硬件和软件上配套建设。不能按照城市的立场看待乡村。

"脏乱差"其实是一种生活方式。乡村不仅是生活的空间，更重要的是农民生计的生产空间。我们看到的"脏乱差"恰恰是乡村某种真实的"美"。这不是说乡村不需要改造，而是说对乡村的改造要"温柔体贴"，否则就会把乡村建成城市。乡村建设中农民不同程度的缺位说明了城市文化视角和乡村立场之间的张力。

即使从农民的视角讲，乡村也是需要现代化的。从日本和韩国的例子看，推动乡村的现代化需要政府的主导。对于中国而言，希望乡村自发地逐渐现代化是不客观的。所以，我在村里看到很多"干部在干、村民在看"的场景，也不能说这里面就一定有问题。那位日本专家说的"迟钝"和河边村黄志成说的"已经很好了"都蕴含了国家推动现代化与乡村社会的不适应，这是像中国这样一个后发展国家现代化过程的特殊问题。

将乡村有机地整合在现代化的进程中，同时建设出一个新乡村，这应该是乡村建设的主要任务。从这个角度讲，当然需要把农民转变成"现代人"。我们不能带着城市人的偏好，让乡村和农民保持"原住民"形态。也许是出于我的发展主义立场的原因，我认为那样的想法是不道德的。对于我们这样的社会优势群体而言，尽管我们知道现代化对于乡村和农民的伤害，但是让他们处在不发展的状态所受到的伤害会更大。农民视角的乡村建设从本质上讲还是如何通过现代化帮助乡村和农民赶上现代列车的问题，这个过程不能有农民的缺位。

我在写这个短文时，昭通大苗寨工作群里发了他们工作的照片，照片中村里的老村长在搞绿化美化设计。重庆酉阳何家岩项目的专班负责人说需要我们过去指导他们的村庄美化，我发给他们一些图，说要动员村民一起创新，不要找艺术家搞各种艺术品。帮助乡村进入现代化不能搞"暴力干预"，而要搞"有机融入"。

面对城乡巨大的反差，把握乡村建设的现代化尺度是很困难的。我和腾讯的几位朋友在参观昆明晋宁福安村的乡村建设时，看到一位老人坐在她家的大门口晒太阳，她的家就在建好的花巷里，大家和她说话，整个气氛非常和谐友好，老人的微笑其实就是对于乡村建设的满意表达。福安村的街道是一个干净美丽、充满乡土气息的乡村艺术品。只有把乡村知识和智慧发掘出来，农民才有积极性，因为他们觉得自己的价值得到了重视。我在昭通大苗寨的工作群里的视频看到苗族老村长在地上画他们视角中的村庄美化图，感觉到了我们工作的不足。农民不是不要乡村建设，也不是懒惰，他们需要得到尊重。要做到这一点，对于我们这些专家和干部而言并非易事。

（作者系中国农业大学文科讲席教授，教育部社会科学委员会委员）

中西部地区扩权强县要慎重

⊙ 贺雪峰

湖北省委前任主要领导曾讲过，湖北省要学习浙江，其中一个关键是学习浙江发展县域经济的经验。湖北与浙江在经济上的差距并不在于大城市之间的差距，而在于县域经济的差距。如果湖北省县域经济搞上去了，湖北经济就可以超过浙江了（大意）。湖北省委领导这话也有道理，因为浙江省会杭州 GDP 并不比湖北省会武汉高多少。如果湖北省出一大批百强县，湖北省经济发展水平也就可以赶超浙江，跃居全国前列。因此，湖北省近年来出台政策要求大力发展县域经济并要求全省推进"扩权强县"的改革。所谓"扩权"，就是将本来应当由地市一级掌握的审批权下放到县一级，以让县级发展不受地市一级的制约。

全国并非只有湖北省在进行扩权强县的改革。浙江应当是全国最早进行扩权强县改革的省份，随后，全国几乎所有省区都出台过扩权强县的文件，国家也一再出台加快发展县域经济的政策。

实际上，早在 20 世纪，国家改革开放，对地方经济发展政策是十分宽松的，最典型的表现是在土地使用和环境影响评估（以下简称"环评"）方面几乎不受限制，正是因此，全国不仅是县一级，就是乡村两级也有很大的经济发展自主权，乡镇企业如雨后春笋一般发展起来，乡镇企业产值一度占到全国总产值的半壁江山。也正是借助宽松政策，珠三角农民不在土地上种庄稼而是种工厂，浙江民企可以在村庄占地建厂房。

随着中国短缺经济的终结，乡镇企业因本身存在规模小、质量差、管理弱、市场竞争力不足以及污染严重、能耗也高的弊病，而逐步被淘汰，苏南借乡镇企业占用大量农村经营性建设用地招商引资，珠三角大力发展"三来一补"外向型经济，以及浙江依靠民营经济旺盛的市场能力，获得了区域经济的持续成长，中西部广大农村乡镇企业则因为亏损而纷纷关停。

如此一来，进入21世纪，以长三角和珠三角为代表的沿海地区农村，借助天时和地利成功实现了农村工业化，农民从农业中转移出来进入二三产业，农民生活城市化，农村与城市融为一体，城乡一体化了。从这个意义上讲，当前沿海地区农村实际上也属于沿海城市经济带的内在组成部分，即使建制仍然是农村，这些农村却与城市无异。浙江县域经济本质上是城市经济，更不用说苏南和珠三角地区的农村了。

广大中西部地区农村，随着乡镇企业的关停，农村青壮年劳动力进城，农村变得萧条起来。从中西部农村流出的大量青壮年劳动力来到沿海地区务工经商。

东部沿海地区农村工业化和城乡一体化，进一步带来东部沿海地区的规模经济：基础设施完善、市场条件良好、上下产业配套，因此进一步为现代制造业发展提供了优越空间。

中西部地区农村也进一步丧失了乡村工业化的可能，以及发展现代制造业的空间条件。

新世纪，随着经济持续发展，对经济的管理也越来越规范，最典型的是随着《中华人民共和国土地管理法》出台，再低成本随意占用农地搞建设就变得特别困难甚至不再可能。随着环保的强化，环评变得严格。县域经济发展就不再允许像过去野蛮成长，而要经由各种审批，这些审批就规范了县域经济的发展，防止了县域经济发展中一度出现的各种乱象。

自上而下各种规范性要求，在规范地方经济发展中也就限制了地方经济的发展。对于县域经济已经发展起来的东部沿海发达地区，省一级出台政策要求扩权强县，前提是这些发达地区县域经济本身就是强的，早已发展起来了。这些地区的扩权强县，不过是要尊重地方经济现实而对中央政策进行适合本地实际研判后的调整。沿海地区百强县并非是"扩权"的结果，反过来倒是，"强县"是扩权的原因。"强县"倒逼省级政府"扩权"。

现在中西部地区省级政府希望通过扩权来强县面临着两个问题：第一，在当前国家已对经济有着规范要求的情况下，县域扩权，就可能出现比国家规范所期待要多得多的监管漏洞，从而可能产生各种预料不到的问题，比如县域经济目前普遍存在的过度建设与高额负债问题，一哄而上开发区的低效利用问题，以及高能耗、高污染产业重复建设问题。第二，县域经济发展的核心或建设百强县的核心是发展现代制造业，因为只有有了制造业，才可以容纳大量就业，才有希望发展出第三产业。现代制造业要发展起来，必须要有最起码的规模条件。在当前全国中西部地区，可能不只是县一级普遍不具备现代制造业的规模条件，就是很多地级市也未必具备。现在要求扩权强县，就是将之前地市一级审批权向县一级下放，结果就是经济布局进一步分散，县一级当然是达不到规模条件，地级一级也因为县一级招商引资的争夺与分散而吃不饱，难以达到基本的经济规模，也就难以有效对接沿海地区转移过来的制造业产能。其后果就是因为"扩权强县"，导致中西部地区经济无法达到最佳状态，反过来降低了地方经济发展的可能性。简单地说，如果重点发展地市一级经济，地市一级很快就可以达到规模经济的条件，若分散到县域经济，则整个地方经济都会处在弥散无效率的状态。在全国产能本来就过剩的情况下，没有聚集带来的城市规模经济，中西部地区的地方经济怎么可能发展得起来呢？

在不具备条件的情况下，中西部地区扩权强县，结果就不仅是产生大量资源浪费，分散市域经济成长可能性，而且因为扩权可能让县级政府领导人更加任性，他们为了自己短期政绩，盲目负债，盲目上马城建工程，盲目经营县城，甚至不惜通过教育进城逼迫农民进城买房，以获得房地产带来的表面经济成长，却破坏了农民赖以生存与留作后路的家庭积蓄与农村家园。一旦潮水退去，一旦经济下行，放权带来的县级政府领导人的任性就会变成难以收拾的"乱摊子"。

中西部地区县域经济主要依赖农户家庭的农业收入与外出务工收入，县域经济重点应当是为农民提供基本公共服务，而不是将他们务农和务工的血汗钱变成县城住不下来的商品房（因为县城没有现代制造业从而没有就业）。除靠近省会城市的县城或个别资源型县城以外，中西部地区将百强县作为县域经济发展目标是不现实的，硬要这样做是要犯大错误的。

（作者系武汉大学社会学院院长）

农业保险应当如何突破困境

⊙ 王韧　郭晓鸣

党的二十大报告提出，要全面推进乡村振兴，坚持农业农村优先发展，加快建设农业强国。作为完善农业支持保护制度的重要组成部分，农业保险以其独特的风险阻隔和经济补偿功能，在贯彻落实乡村振兴战略的进程中迎来了新的重要发展机遇。截至2021年，我国农业保险保费收入已突破976亿元，同比增长近19.8%，为1.8亿户次农户提供风险保障超4.7万亿元。在稳定农民收入、推动特色产业发展、助力乡村振兴方面取得显著成效。但是，从总体上看我国农业保险服务粗放，违规承保、保障水平不足的矛盾仍显突出，保险产品供给、保险机构服务与建设农业强国和推进乡村振兴的需求相比还有较大差距。如何突破当前困境？通过强化农业保险服务功能和有效管控运行，稳健实现高质量发展、提升其助力乡村全面振兴的质量及效率，是当前需要高度重视和有效解决的紧迫性问题。

一、当前农业保险面临的主要困境

1. 农业保险产品供给粗放，服务能力的规范建设尚须加强

当前我国农业保险经营管理仍呈现相对粗放的状态。一是产品粗放。农业保险产品仍然表现为种类少、保障水平单一、财政补贴标准缺乏弹性。二是定价粗放。即使是同一省份各地农业风险差异巨大，而当前简单"一省一费率"的"一刀切"政策极易引发逆向选择和道德风险。三是承保粗放。由于难以精准确定投

保标的的位置、面积和数量，不少地区存在严重多重投保和虚假投保等违规乱象。四是理赔粗放。勘查定损手段落后、效率低、成本高，虚假赔付和协议赔付多有发生，有违保险本质，导致为农民服务的质量和水平不高。

2. 农业保险需求保障不足，"扩面、提标、增品"仍待提升

传统农业保险保障水平较低，仅覆盖直接物化成本。近年来，农村劳动力价格、流转土地的租金成本等大幅上升，导致农业保险赔付额与完全成本的差距拉大，农业保险投保的获得感不强，造成低收入农户投保积极性差，"不愿保"，而新型农业经营主体则认为投保补偿低，"保不够"。此外，我国农业产业正在加速转型升级，集约化和规模化程度越来越高，新型经营主体有很强的资金需求和防范风险需求，农业保险进一步"扩面、提标、增品"，或者直接开展收入保险，是促进新型农业经营主体发展，服务乡村振兴战略的大势所趋。

3. 农业保险经营欠规范，制度顶层设计仍亟待优化

首先，针对当前农业保险经营中的违规违法乱象，政府监管部门缺乏有效的校验监测手段与工具，无法及时检测和管控保险公司违规行为，常常是事后处置，陷入被动。其次，政府监管部门缺乏对保险公司经营、管理与服务水平的评价手段与工具，无法管理农业保险的市场准入和退出，进而致使农业保险市场出现不合理的恶性竞争。最后，政府监管部门对农业保险进一步"提标、扩面、增品"，尤其是针对大灾风险分散机制等顶层制度设计缺乏有效的政策支持。

二、加快我国农业保险转型升级的对策建议

针对当前我国农业保险发展面临的突出问题，当务之急是必须全面深化改革，加快转型发展，重点通过服务升级、功能升级、技术升级和政策升级，实现农业保险发展质效的高质量突破。

1. 服务升级：创新与保险功能扩大相适应的产品体系，激活保险供给主体内生发展动力

第一，提升农业保险保障水平。针对传统农业保险产品供给粗放、保障水平较低的现实问题，一方面，继续提高农险承保率，积极推进实施三大主粮完全成

本保险和种植收入保险，增强农户从事农业生产的抗风险能力，使农业保险在保障粮食的特殊性、战略性、基础性地位中发挥更加重要的作用；另一方面，扩大农业保险保障覆盖面，围绕新型设施农业和高标准农田，积极开发推广设施农业保险、耕地地力指数保险、高标准农田保险等，为国家粮食安全织密农业保险"安全网"。

第二，创新农业保险保障内容。探索完善"保险＋期货"模式，保障农业生产经营中的市场及价格风险，实现传统农业保险的产品升级。鼓励因地制宜地选择农业保险的发展模式，开发产量指数、天气指数、价格指数、叶面积指数等多元化的农业保险产品，满足不同区域、不同作物和不同经营主体对农业保险的差异化需求。

第三，完善农业保险风险分散机制。强化农业再保险制度设计，建立符合我国农业生产经营发展现状的农业再保险制度体系，一方面，完善并落实农业保险大灾风险准备金制度，通过稳定可靠的再保险制度实现农村保险持续扩面、增品、提标；另一方面，构建多元化风险分散工具，建立"农业再保险基金""再保险＋大灾基金＋巨灾债券""再保险＋巨灾债券"等，将农业大灾在风险分散体系内实现对冲。

2. 功能升级：打造农村综合金融生态，对接农村乡村振兴的多层次风险保障需求

第一，推进农村金融体系与农业保险协同惠农。通过匹配不同农业保险的主体需求，延伸农业保险"融资""增信"功能。加强农业保险与融资担保、银行信贷、期货、基金等金融工具联动，全面推进"保险＋"，形成"政银保担基"紧密合作，产业链、供应链、创新链、资本链、政策链"多链协同"的农村金融服务新机制。提高农户尤其是新型经营主体信用等级，增强农业保险融资功能。对于小规模农户，保险公司可提供一揽子保险产品与特色农业保险配合，提高农户抵御风险能力。对于新型农业经营主体，则应聚焦全产业链保障体系，综合性助推农村优势产业提质发展。

第二，实现农村土地改革与农业保险协同惠农。通过推动"土地履约保证保险"，积极引导农村土地经营权规范有序流转，为农地"三权分置"提供有力保障。探索农产品质量保证（或安全责任）保险，促进产品质量安全管理水平提升，扩大土地流转履约保证保险并健全融资信用保证类保险体系。

第三，促进农村公共服务与农业保险协同惠农。综合保障"善治示范村"建

设，提供农村公共管理综合保险。建立耕地保护长效机制，推出耕地地力指数保险。坚持"种养结合"的生态发展理念，建立耕地保护长效机制，保障乡村可持续绿色发展。

3. 技术升级：发展以数字为核心的科技驱动型信息技术，创新高质量农业保险助力乡村振兴

第一，资源平台化。建立基于农业保险经营的大数据平台，通过与平台数据的资源整合，运用智能科技手段做好农户智能识别与辨认。对当地气候地理条件进行投放分析和决定投放对象及投放项目，根据大数据进行项目管理与风险防范和后期的绩效评估。

第二，理赔精准化。利用遥感监测技术，使灾害评价定量化。使用无人机查勘，让查勘方式多元化，解决传统农业保险查勘定损中存在的定损速度慢、难度大的问题。将人工智能、5G技术等手段应用于农业灾害估损机制和快速理赔机制，提高定损理赔效率，提升农户满意度。

第三，服务扁平化。全面推进移动端、微信小程序等在线服务，着力打造保险公司员工、协保员、相关金融机构工作人员、小农户、新型农业经营主体等服务场景，展开全程式客户运营。构建交互畅通、自采自证、主动触发的服务机制，构建农户全面参与的工具体系，培养农户的保险意识和构建参与体系，构建普惠制与专业服务相结合的农村金融新模式。

第四，技术产业化。通过农业风险数据全面共享，监测数据全面产业化，实现产学研用一体化的农业保险实务的数字再造，以数字农险为核心，建构现代智能农业保险为方向，实现决策量化、运作优化、服务公开、体系协同的农业保险转型升级模式，进一步高质量助力农业强国建设和乡村振兴战略。

4. 政策升级：优化顶层设计和运行机制，推动农业保险政策由"普惠"向"特惠"转变

第一，顶层设计更加统一。制定统一的农业保险招投标办法，加强对保险机构的规范管理。坚持"政府引导、市场运作"，政府通过创造低成本的政策环境，充分调动市场主体能动作用，发挥政府与市场合力。建立由财政部门牵头，农业农村、林业和保险监管等多部门参与的农业保险工作小组，确定本地区农业保险财政支持政策和重点，统筹推进农业保险的经营监管及绩效评价工作。

第二，运行机制更加规范。在明晰政府与市场边界基础上，完善大灾风险分散机制，增加农业再保险供给。支持保险监管部门继续加大对保险机构资本不实、违法违规甚至骗取财政补贴、虚假承保、虚假理赔等的监督检查力度，通过严格监管，规范市场竞争，逐渐实现由行政决策向市场契约转变，由财政救济向保险理赔转变，由政府管理向市场服务转变。

第三，补贴政策更加精准。支持开展新型农业经营主体一揽子综合保险，用于支持区域特色农产品发展，聚焦优势特色产业，实现补贴政策从普惠向特惠转变。积极鼓励和引导农业保险"扩面""提标"，实现补贴对象重点向小农户和新型农业经营主体倾斜，尽快实现保足保全，为支持小农户有效融入现代农业和新型农业经营主体加快成长为农业强国骨干力量提供有效的保障性支持。

（作者王韧系湖南工商大学金融学院副院长、教授；作者郭晓鸣系四川省社会科学院副院长、研究员）

我国距离农业强国存在哪些差距

⊙ 霍学喜

在党的二十大报告中，习近平总书记首次明确提出"加快建设农业强国"，把农业强国建设纳入我国强国建设战略体系，由此形成了一个布局更加完整、科学的社会主义现代化强国建设战略体系。在2023年中央农村工作会议上，习近平总书记再次强调，全面推进乡村振兴、加快建设农业强国，是党中央着眼全面建成社会主义现代化强国作出的战略部署。

一、有序推进农业强国建设工作

中国具有悠久的农耕文明，是世界公认的农业大国，要从"农业大国"到"农业强国"转型，意义深远。中国农业发展过程呈现大而不强、多而不优等特征，如农业科技装备相对滞后及农业劳动生产率、土地等农业资源产出率、资本贡献率不高；中国农业国际竞争力不强，与主要农业强国相比还存在较大差距；改革开放以来，我国与主要农业发达国家间的农业劳动生产率相对缩小，但绝对差距扩大。因此，必须要加快农业强国建设，持续提升我国农业全要素产出率，显著改进我国农业在国际市场上的竞争格局，夯实我国粮食及重要农产品安全基础。

农业强国的基本标准，指的是中国农业发展水平的主要指标达到世界先进水平，具体体现在：一是农业供给的综合保障能力强；二是农业科技创新及装备能力强；三是农业绿色可持续发展能力强；

四是农业综合竞争力强；五是农业综合发展水平高。

尤为重要的是，建设农业强国是社会主义现代化强国的重要标志和完整体现，是全面建成社会主义现代化强国战略中的重要组成部分和战略性基础；农业强国建设的水平和质量是决定全面建成社会主义现代化强国的奠基石；加快建设农业强国是全面建成社会主义现代化强国的必经之路，是需要重点突破的瓶颈和亟待补齐的短板。

目前，我国距离农业强国还有一定的差距，主要表现在：一是保障国家粮食安全的基础依然薄弱，亟须加固国家粮食安全的底板；二是农业科技装备水平低，经营体系缺乏效率，发展方式粗放，面源污染严重，职业农民培育面临瓶颈；三是现代种业、农业装备制造、智慧农业发展面临瓶颈。

因此，下一步要有序推进：一是有效统筹协调农业强国建设工作，包括建立由国务院分管领导同志牵头的强有力的组织协调机构，重视借鉴国际经验和做法；二是制定农业强国建设规划方案，有效统筹时序安排和空间布局；三是有序推进农业强国建设，2035 年左右达成种植业强国目标和林草业强国目标，2045 年左右达成渔业强国目标，2050 年左右达成畜牧业强国目标。

二、实现粮食和重要农产品稳定安全供给

习近平总书记在中央经济工作会议上强调，保障粮食和重要农产品稳定安全供给始终是建设农业强国的头等大事。

党的二十大报告指出，谷物总产量稳居世界首位，十四亿多人的粮食安全得到有效保障。特别是我国以占世界 9% 左右的耕地，生产了占全球 21% 的谷物、50% 左右的蔬菜、25% 左右的肉类和 32% 左右的水果。2021 年我国人均粮食占有量达到 483 公斤，是 1978 年的 1.52 倍；人均肉类产量达到 63 公斤，是 1978 年的 7 倍；人均林果产量达到 142 公斤，是 1978 年的 20 倍。人均谷物、蔬菜、肉类和水果产量显著超过世界平均水平，夯实了大国粮食安全的基础，养活了占世界 18% 的人口。

下一步，要实现稳定安全供给，就需要按照中央明确的藏粮于地、藏粮于技战略做好如下工作：一是明确解决好"三农"问题的全局性意义，坚持农业农村优先发展，坚持城乡融合发展，畅通城乡要素流动的"三农"工作总方针。二是明确加快建设农业强国战略目标，扎实推动乡村产业、人才、文化、生态、组织

振兴方略，形成依托建设农业强国驱动高质量实施乡村振兴战略。三是明确夯实国家粮食安全任务的基础、制度安排、重要举措和目标要求，即"全方位夯实粮食安全根基，全面落实粮食安全党政同责，牢牢守住十八亿亩耕地红线，逐步把永久基本农田全部建成高标准农田，深入实施种业振兴行动，强化农业科技和装备支撑，健全种粮农民收益保障机制和主产区利益补偿机制，确保中国人的饭碗牢牢端在自己手中"。四是明确树立大食物观，拓展食物资源和领域，构建多元化食物供给体系的战略、前景和意义。五是明确高质量推进乡村振兴的改革和制度保障举措，即"巩固和完善农村基本经营制度，发展新型农村集体经济，发展新型农业经营主体和社会化服务，发展农业适度规模经营。深化农村土地制度改革，赋予农民更加充分的财产权益。保障进城落户农民合法土地权益，鼓励依法自愿有偿转让。完善农业支持保护制度，健全农村金融服务体系"。

我国曾经实施多项粮食产能提升工程，而此次会议再次提出，要实施新一轮千亿斤粮食产能提升行动，这次行动的关键在于要优化粮食产业发展环境，营造有效激励农民种粮积极性的有效市场环境；提升政府规制粮食产业发展及市场失灵的能力。同时，重点实施好藏粮于地、藏粮于技战略，包括将基本农田全部建成高标准农田；全面推进农业科技进步和完善粮食产业发展政策。

三、加快提升农业科技水平

习近平总书记强调，要依靠科技和改革双轮驱动加快建设农业强国。推进农业科技创新，要围绕重要农产品生产供应的耕地和水资源配置，农业科技研发的创新点突破口，建设完善相关产业体系、生产体系、经营体系和政策体系。创新适应建设农业强国的土地制度和经营制度体系，释放土地"三权分置"制度效应，推进土地经营权流转形成的土地规模经营。加大发展家庭农场等新型农业经营主体的工作力度，形成专业人做专业事的生产经营格局，大幅度提升农业劳动生产效率、土地产出效率和资源配置效率。充分发挥政府的引导作用，加强和改善政府对农业的宏观调控。加大对农业的投入力度，为农业生产经营创造良好外部环境。

与建设农业强国的要求相比，我国农业科技短板与弱项依然突出。近年来，我国农业科技创新能力稳步提升，但核心种源、关键装备等领域还有不小差距。会议强调，提升农业科技水平要"以农业关键核心技术攻关为引领"，"以产业急需为导向，聚焦底盘技术、核心种源、关键农机装备等领域"。

如何缩小在核心种源、关键装备等领域的差距？一是突破社会壁垒，强化生命科学及生物工程技术研发工作，尽快缩小与国际差距；二是突破体制壁垒，强化信息科学及信息工程技术研发工作，尽快缩小与国际差距；三是突破国际垄断，强化涉农材料科学及农业工程技术；四是突破行业壁垒，整合集成推进涉农环境科学及环境工程技术；五是突破体制机制壁垒，加快发展科学研究工作及"三农"政策创新。

（作者系全国政协委员、西北农林科技大学教授）

提高行政效率应重新成为基层共识

⊙ 吕德文

曾几何时，反对铺张浪费，提高行政效率是党和国家的强大共识。"浪费可耻"，不仅是社会共识，也是官场共识。

一

在过去，反对形式主义，主要反的是讲排场、讲面子的形式。比如，在中央八项规定出台之前，上级领导到基层视察，警车开道，地方领导在辖区交界处迎来送往，山珍海味换着来，都是通常操作。

这种做法，不仅浪费大，且给群众的观感着实不好。尤其是在生活条件好了以后，无论是上级领导还是基层领导，大多觉得这实在是劳心劳神，是个极大负担。但谁都不敢张口说不要陪餐，不要迎来送往，上级怕这样说了基层有心理负担，下级怕上级真有意见。

也因此，在中央八项规定出台后，"大吃大喝"是执行得最好的一项制度。基层干部非常欢迎，真是解脱了不少。

就好比现在农村的整酒风，几乎所有人都陷入其中不能自拔，却又没办法，都巴不得地方政府出台措施，禁止铺张浪费，并且是越严厉越好。

党员干部要带头不整酒，很多基层党员干部都发自内心拥护，觉得是党委政府做了好事，自己不整酒，也不允许走不必要的人情，终于有了一个说法，趁机减轻了家庭负担。

其实，搞形式主义这件事，基层的确没有多大的动力。毕竟，搞形式就意味着浪费，就意味着增加负担。

从调查情况看，形式主义在发达地区和欠发达地区，有本质差别。

二

在发达地区，以及资源和利益都比较密集的地区，形式主义很大程度上是基层领导自发的，是一种邀功的表现。比如，上级任何一件事，基层领导都想方设法投入精力把事情做到最好。有条件要做，没条件创造条件做，总归是有财政支持。

不少地方还有深深的历史包袱。比如，已经评上了文明城市，已经是连续多年的百强县，已经是全国某项工作的先进典型，在任领导就得保持这些荣誉，否则就是历史罪人。而为了保持并发扬这些荣誉，就得想方设法搞创新，最好是提出一个 2.0 或 3.0 版，让先进经验永远先进，其他地方在学习其老经验时，新经验已经在创造了。

因为地方的财政资源比较充沛，各部门都想方设法让自己的工作一竿子插到底，都希望在基层有"腿"。于是乎，乡村两级充满了各类"专职"人员。在很多地方，上级机关的借调和抽调人员多于编制内人员，基层的市场招聘人员远多于编制内人员，都是普遍现象。

现如今，每个部门都喜欢就某项政策搞创建，有资源条件的地方就想尽办法参加各种示范创建。地方上花了钱搞创建，部门又没时间精力去评估创建成果，于是就依赖于各类"第三方"。

市场上出现了各种类型咨询公司和调查公司，专门承接地方政府的需要。这些公司无所不能，但凡是上级有政策，他们就可以为基层创建出经验来，如发展集体经济、基层治理创新、文旅发展。前些年，有些地方连党建创新都外包给这些公司了。

有些咨询公司，还提供从创建，到包装经验，再到宣传的一条龙服务。基层出经验，真是省事。

为了让各项事务出彩，地方财政花大量的资金去购买服务，各种类型的"第三方"俨然成了"影子政府"。社区有公益创投，各类社工组织活跃在社区治理领域——他们想方设法"创新"，绞尽脑汁包装经验，关键事务却还是得靠社区党组织和居委会。

各种评估检查的"第三方"活跃在各类创建活动中。脱贫攻坚第三方评估卷入了一大批相关学科的力量，导致学术界到处充满铜臭味。脱贫攻坚评估完了，又来了乡村振兴示范评估，这项业务看来具有长期性。

"第三方"是"影子政府"，基层不仅得把工作做好，还得想方设法讨好"第三方"。每到评估的时候，各种找关系；评估组到了地方，肯定是高标准接待。否则，后果不堪设想。

某村在市区两级组织的两次人居环境检查暗访中，在全区均名列前茅。但不到半个月，第三方检查评估的结果显示，该村在全区排名倒数。乡村两级干部都很是不解，只能归因于第三方瞎搞——不检查村庄里的道路和老百姓的房前屋后，专门找村庄外围去检查，甚至跑到老百姓的田间地头去检查卫生，这种结果能好吗？

但凡是稍微了解一点基层的干部都明白，基层工作很是实在，主要是群众工作，来不得半点虚假。有基层干部说，基层工作就如农民种地，按时播种、浇水、施肥、锄草、收割，哪有那么多的创新？

不断创新，肯定是不断折腾。折腾来折腾去，不仅浪费了有限的行政资源，还把群众的信任、干部的激情给折腾没了。

<h2 style="text-align:center">三</h2>

在一些欠发达地区，浪费和折腾，大都是不接地气的政策所导致的。形式主义源自官僚主义，这个判断应该成为上下共识。

现如今，很多村庄的最大负担竟然是村庄环境清洁，各村不仅要养专职的保洁员，还得有垃圾清运费，以及时不时来一次大扫除。

人居环境治理当然是好事，如果将之纳入爱国卫生运动里面去理解，让群众自己把自己的卫生搞好，那更是功德无量的好事。坏就坏在，很多地方在推行人居环境治理三年行动方案中，将之作为一项行政任务、一个创建工作，没有时间去做群众工作，群众工作也很难有常态效果。

于是乎，很多地方就想出了政府出一点、村庄出一点、群众出一点的法子——就我们的调查看，政府和村庄都在出，但群众是不可能出的。

笔者调查的村庄中，中部村庄每年环境费10万元很是普遍，西部村庄每年环境费四五万元也再正常不过，而有关部门关于消灭集体经济空壳村的要求也不过是5万元或10万元。基层的干部群众都很是不解，村庄里群众房前屋后的环境卫生，历来是群众自己的事，何必增加这一笔开支呢？又何必费尽心思去增加集体经济收入呢？

更有甚者，有些东部地区的村庄社区，每年的环境费用竟然高达200万元。他们不仅要打扫卫生，还要严格垃圾分类——但事实上，群众不可能自己分类，村里就得请人专门分类。

仅仅是因为环境卫生就增加了基层负担，让很多村级组织不堪重负，实在是出乎预料，但这事竟然就发生了。对群众的环境卫生包办代替，实在是没理由——农村环境卫生又不是万分着急的事，客观上也是私域范围里面的事，群众都不着急，政府着急什么呢？

笔者在南方地区调查，基本就不存在改厕问题。因为，在政府提出厕所革命之前，群众早已经自觉把旱厕改成冲水厕所了。这和当地的生活水平提高有关，也和农业生产、城市化等社会进程有关。

但在部分中西部地区，老年人口比较多，还有大量的小农经济，且气候条件也不一样，改厕改得群众不满意，基层干部很是委屈，地方财政还花了不少冤枉钱。因为设计不合理，施工不好做，甚至还出现了施工单位放弃项目的案例。如此折腾，劳民伤财，实在是没理由。

基层但凡被发现一点问题，上级的要求都是以最快速度整改，不管整改方案合理不合理，有没有可持续性，先对上面有个交代再说。在土地进出平衡整治过程中，某山区村被上级要求在一个深山老林里开荒种地，全然不顾开出来的荒地完全不具备生产条件；某丘陵村被上级要求把池塘挖成耕地，全然不顾当地的水系规定；某茶叶大县被要求铲除一些茶树以满足指标要求，全然不顾基层政府和群众为发展茶叶投入了多少血汗。

村干部跟笔者算过账，整理出一亩地来，怎么着都得花费几万块钱，还不算损失。有些地方财政有点补贴，但更多的地方政府财政能力有限，配套跟不上，就只能一级压一级，最后还是村级组织自己负担。

笔者这些年的深切感受是，基层真忙，连村干部都忙。到村里走一走，几乎都是空心村，没几个人，村干部其实也不用怎么接触群众，想接触也难，但他们很忙。绝大多数地方，村干部都忙不赢，还得聘用一些人员来帮忙。

村干部也困惑，时间去哪儿了？都到无尽烦琐的表格、项目、报告、通知等事务中去了。因为太忙，村干部就得专职化；一旦专职化，就得提高待遇。因为村干部有了待遇，那些村民小组长、村民代表，也得有待遇。现如今，各村开个会，都得给村民代表发误工补贴，否则会就开不下来。

基层花了不少钱，但都发工资去了，事情并没有解决多少，群众还不满意。这些钱，花得很是不值得，浪费。

四

基层组织的开销是大了，事情是多了，干部也忙了，但和群众的距离却越来越远了。

过去，曾经有那么一段时间，因为基层财力有限，且税费征收、计划生育等事务又取消了，人们普遍担心基层政权悬浮于社会之上。

现如今基层花费了大量的钱，基层组织却还是悬浮在了社会之上——治理资源并没有转化为治理能力，实在是乡村治理现代化的意外后果。

从笔者调查的情况来看，绝大多数农村地区都还很是普通，大多数地方的财政也就是吃饭财政，大多数村庄的村集体经济也是空壳，真没多少钱来支撑如此庞大却又毫无效率的基层治理体系。

客观上，这几年基层建立了比较完善的治理体系，党组织普遍有力量了，法治下乡了，有些地方还搞一村一辅警，乡镇都在建立综合执法队伍；很多地方也在组织乡贤，各种理事会和议事会之类的，似乎德治的力量也加强了；还有，自治的各项规章制度也更为完善了。

可以说，我们是有实现乡村治理现代化的制度基础的。

真要实现乡村治理现代化，有两个问题要解决。一是在理念上，现代化就等于制度化、规范化、智能化、标准化等传统想法，实在是误导人心。事实上，无论什么时候，唯有节俭和高效的治理体系，才谈得上是"现代"的。乡村治理体系不需要各种叠床架屋的制度设计，也不需要形式上的多元力量，简单、好用才是根本。

二是在机制上，还需要一些具体措施将已有的制度优势发挥出来。在笔者看来，基层治理返璞归真，通过做群众工作，通过发挥自治的基石作用，才能真正把群众组织起来。基层治理的核心就是让群众自己办自己的事，一旦群众自己办了，基层就实现了节俭办事的目标。

节俭办事，就是要少点形式，多办实事。因此，反对基层治理中的形式主义，其实是乡村治理现代化的应有之义。

（作者系武汉大学社会学院教授）

负担不重的乡村建设才可持续

⊙ 桂华

　　在实施乡村振兴战略的过程中，有两个基本问题需要明确，即乡村振兴为了谁和乡村振兴依靠谁。城镇化是现代化的必由之路，乡村振兴战略作为全面推进社会主义现代化建设的一部分，从根本上讲，是为持续推进的新型城镇化和市场体系建设构建大后方，是为我国迈向现代化的过程中可能出现的波动和风险构筑压舱石。因而，乡村振兴要以维护在乡农民的利益为根本出发点，要为奋斗进城的亿万农民提供退路选择。

　　今天的乡村高度分化，尤其是一部分人已经离开家乡在城市扎根多年。这部分人可能见识广泛、社会资源丰富、专业技术出众，他们是推动乡村发展的潜在力量。如何发挥离乡人群的资源优势，同时又坚持维护在乡农民的利益，是乡村建设的一个难点。对此，近期农业农村部等九部门联合印发的《"我的家乡我建设"活动实施方案》，鼓励专业人才、经济能手、文化名人、社会名流等各类人士回乡参与乡村振兴。

　　在这个文件发布之前，一些地区已经探索了形式各样的"能人"回乡活动。结合实践来看，"能人"回乡参与乡村建设存在几个误区：

　　一是期待过高。例如，一些地区引导大学生返乡担任村干部，期待他们带领农民创业创新。实际上，大部分地区的乡村工作都是基础性的，大学生的专业知识与乡村工作要求有着很大的差别。一方面大学生的专业技能很难在短期内"落地开花"，立马改善乡村面貌；另一方面乡村也尚且不具备让他们扎根下来的土壤。

　　二是误判村庄经营的风险。一些地区鼓励外出经济精英返乡投资，用政府财政项目和土地政策创新来撬动社会投资。这类做法在一些资源禀赋特别好的地方确实能够成功，但不少地区也出现了村庄负债以及返乡精英被套牢的情况。

三是乡贤返乡以后未能合理推进后续工作。一些地区退休干部返乡后争取地方政府项目进行乡村建设，助推各种创新创建以及亮点打造。但是在实施过程中，部分地方存在一些问题，如为迎合政绩的需求，将普惠资金变成亮点建设，造成财政资金的低效投入、政策上的不公平和形式主义。

一些地方在探索"能人"返乡的实践过程中出现了问题，从根本上看，是偏离了乡村振兴要坚持以农民为主体的基本宗旨。引导外出人士参与乡村建设，第一点是要积极回应在乡农民的利益。《"我的家乡我建设"活动实施方案》明确提出"以义为先、义利兼顾"。返乡人士投资家乡建设的底线是不能变成与在乡农民"争地争利"，理想形态是返乡人士带着资本、技术和专业知识回到家乡，创造新的利益生长点。

外出人士返乡参与乡村建设，重在做催化工作。当前乡村工作存在的最大难题是农民的客体化。近年来，国家每年投入数万亿的涉农资金，然而，一些地方基层工作却出现了"政府干、农民看"的现象。幸福生活是靠奋斗的，谁都不能并且也不应该替代农民创造美好生活的主体地位。外出人士返回家乡，重在参与社会建设，要做基层组织的动员者、分散农民的黏合剂、基层公共事务全过程人民民主治理的推动者，要多从熟人社会重建和基层上层建筑夯实上用力。

乡村振兴的有序推进不能完全依赖少数人和少数人带来的特殊资源和特殊政策，我们需要合理定位返乡人士的作用，进一步的要求是要对乡村振兴的目标有更清晰的认识。乡村振兴是一项长期战略，最终要通过乡村人口的有序减少来实现城乡平衡发展和现代化事业的高水平发展。在未来很长一段时期内，乡村人口变动不居、乡村边界不断变化将是常态。在此背景下，乡村不可能按照城市的投入强度进行建设。当前，国家经济发展和突破"卡脖子"问题的重心在城市，乡村的定位是现代化的后方基地，绝大多数村庄要按照"底线"标准进行建设，以基本公共服务有效供给和农民生产生活秩序维护为要义。在这种底线标准下，乡村振兴要以有效治理和公益事业建设为优先项，以降低农民消费负担和构建"高福利、低成本"养老体系为重点，而非以拉动经济增长和重大创新为核心。乡村建设只有守住这种底线标准，才能够匹配在乡农民有限的收入与储蓄、乡村较为稀薄的熟人社会资本以及趋于淡化的乡情乡愁纽带。

归结起来，底线标准的乡村建设，既不会让在乡农民负担过重，也不会让返乡人士负担过重，避免经济资源和社会资本过度透支的乡村建设才是健康可持续的。

（作者系武汉大学中国乡村治理研究中心教授）

基层治理要的是"道善"而不仅是"术变"

⊙ 刘成晨

国家与社会的转型，二者必然会互动，尤其是前者对后者的塑造，采取强有力的行政方式，最终基层社会也难免卷入其中，比如乡村振兴就是典型。乡村社会的"变"并非是单独的，而是随着国家转型而变，随着现代性与现代化的步伐而变。继而在二十一世纪的阶段性任务中实现"变"的可能性与方向感。

从乡村社会转型的过程中不难发现，在经济条件较好的地区实现的智能化水平越来越高。据观察，乡村振兴所带来的"公路之变""人居环境之变""厕所之变"和"文化保护与传承之变"等各个方面的确取得了成效，值得肯定。尤其是"外在"方面，近些年乡村社会从脱贫攻坚到乡村振兴时期变得格外醒目。

数字化作为"术"，更是在乡村社会中被广泛运用，成效很大。"实现行业数据安全自治、数据可控共享以及合规监管""构建农村现代治理体系，弥合城乡公共服务差距""使农民能够将自己的特色产品在互联网上进行交易，同时保障信息安全和金融安全"和"融合多源大数据与人工智能技术、开放平台数据，构建复合型人居生态网络，提升乡村发展韧性"，但从南北差异、城乡差异与区域差异来看，只是部分乡村实现了这类效果，部分村庄依然还在传统中存在，至于说发展更是微乎其微，因为缺乏能人政治、资源有效配置、政策倾斜等。

事实胜于雄辩。从既有的调查中也不难发现，目前村民所遇到的最大问题之一，不仅仅是收入增加等，也不仅仅是"健康"抑或"居住环境"，而是村委与村民的"善性互动"。这样的互动方式放在部分乡村和社会之中是难以发现的。农民似乎不是特别在意"让信息化更好赋能乡村振兴，有助于充分发挥信息化对乡村振兴的驱动引领作用，推动农业农村现代化发展"，而更在意自我利益有无受损？村委有无"公平"和"正义"？村干部有无腐败和是否不作为？

他们的要求，其实一点都不高。

这些方面，我们从一些案例乃至参与到乡村生活中都可以察觉到。让笔者尤其感到不安的是，目前乡村社会的治理之"道"，迫切需要在国家现代化转型的大背景下进行根本性转型与重构，信息技术赋能顶多是锦上添花。

进一步说，从既有的乡村社会治理的问题来看，主要有以下几个方面需要注意：第一，治理思维依然传统化与封建化；第二，治理方式依然蛮横化与非制度化化；第三，治理结果依然非正义化与非公平化。这些问题的根本，都是"治道"的现代性与现代化不足所致。村委似乎与国家总是不在一个频道。

首先，就思维而言，部分村委、村干部的思维依然停留在过去，比如说"你不给我面子，我就不给你面子"，"相互抬庄"才是对的。"我就是干部"（他们自认为如此），我是这个地方的"一霸"等，哪怕违背法律法规，他们也不怕。其次，就方式而言，他们会采取恐吓、威胁、联合暴力等进行治理，对听话的农民给予适当性的奖惩，对不听话的则采取蛮横方式，哪怕"随便你去告"都能够脱口而出。最后，就结果而言，村委被监督与管理归镇委、县委等情况之下，层层之间关系纵横交错，问题出现后难以达到村民所诉求的公平正义。法纪在基层往往被关系网络与腐败无视。比起制度，"有关系"可以更胜一筹。

因此，尽管"术"在突飞猛进，但要说农民真正追求的东西却未完全满足与尊重。笔者认为，是"道"出了问题。因"道"的转型比数字化的赋能乡村更加可以让村民感到"人"的尊严与权益的保障，更加可以感受到什么是"以人民为中心"。学者陈祥勤在《"执古道之始，以御今之有"——中国古代治理传统中的治道和治术》中的一段话值得注意。他说："对于中国传统而言，治理绝非只是治术或政术，而且还是治道或政道，它蕴含着为政为治的根本道理。"牟宗三也认为，中国于治道"已达至无以复加之极端微妙境界"。如果说，古代社会的治理之道，是墨子的"兼相爱、交相利"，是韩非子的"圣人之所以为治道者三：一曰利，二曰威，三曰名"，是《吕氏春秋》的"治天下之要存乎除奸，除奸之要存乎治官，治官之要存乎治道，治道之要存乎知性命"，那么我们认为，当代社会的治道则在于现代化，乡村治理也需如此。因乡村是国家社会的一部分，如果9亿农民无以得"道善"之福祉，社会的稳定性不敢想象，百姓之认同感与获得感就不会变得强烈。

2014年，习近平总书记在"省部级主要领导干部学习贯彻十八届三中全会精神全面深化改革专题研讨班"开班式上发表了重要讲话，他强调："完善和发展中国特色社会主义制度，推进国家治理体系和治理能力现代化。"他还说："尽快把我们各级干部、各方面管理者的思想政治素质、科学文化素质、工作本领都提高起来。"所以，对于部分村干部而言，他们的思想政治素质、科学文化素质、工作本领如果不加以提升，则"推进国家治理体系现代化"就会在村、镇等基层社会中空转和难以实现。

鄢一龙认为，中国的治理现代化的本质是善治，而"善治的根本在于最大程度实现人民的主体性，充分保障人民当家作主，充分发挥人民的主动性、积极性、创造性"。所以，如何保障和尊重农民权益和他们的主体性——这就是最大的"治道"，"术"不过是保障的方法。相反，过度强调"术"对于产业、振兴、交易等各方面的赋能，而没有把群众的"权益"予以"道"层面的提升，继而出现了以伤害农民为代价的村委"官僚绩效体系"和要政绩不要百姓、要面子不要里子、要形式不要实质、要奉承不要不批评、要配合不要抬杠、要听话不要质疑的乡村社会治理形态。最终部分村委"只手遮天"，村民苦不堪言。

遵守制度化的治理方式，尊重公平正义的治理底线，或许是很多村庄现在需要改变的地方。固然一些内容无以"达善"，但方法可以"为善"、思维可以"向善"。一言蔽之，"按规定办事"是"道善"的要约条件，不能悬空。否则基层社会作为国家治理的最底端，就无法配合国家治理现代化的目标实现。

习近平总书记还曾说："对党和人民事业有利的，对最广大人民有利的，对实现党和国家兴旺发达、长治久安有利的，该改的就要坚定不移改，这才是对历史负责、对人民负责、对国家和民族负责。"所以，部分基层政治也该改改了。

苏辙在《傅尧俞御史中丞》所说的"政无旧新，以便民为本"也是这个道理。

［作者系重庆工商大学社会学西部研究基地研究员，社会学系讲师。本文为2022年重庆工商大学引进博士人才科研启动经费项目："乡村振兴视域下超大城市推进城乡融合发展的策略研究"、广西中青年教师基础能力提升项目："乡村振兴战略背景下广西乡土人才队伍建设研究"（编号：2022KY0235）阶段性研究成果］

农村万象

过年的滋味

⊙ 刘守英

在我的记忆深处，过年是一个既期盼到来又越临近越害怕的节日。这种心境直到现在也未曾改变。

作为20世纪60年代生人，留存在记忆中的过年基本是那个温饱未解决年代的片段。在乡下，小孩子感到年节到来不是从广播里听到的喧嚣或街镇上播散的过年气氛，而是观察父母亲的举动。差不多从农历小年开始，我那勤劳的父亲会早早地整理房前屋后的草堆以防生火，然后将两间尽管破落但也是我们一家安身的屋子整理和打扫干净。老爷子最精心清理的地方是摆在堂屋中间的那间神柜，他会将整个立面前前后后用清水洗理得干干净净，摆上香蜡，神情庄重地敬神祭祖，然后在神柜左右两边贴上祈保一家人平安的对联。在我的印象里，尽管我们那时家徒四壁，一贫如洗，但父亲每年如此，从未自暴自弃，带着一种在苦难中仍存寄托的精气神，这可能是他留给我们几个孩子的最大遗产。

到了年关，我们乡下孩子更渴望年货（当然我也不知道那个年代的城里孩子怎么过年）。在那个物质极端匮乏的年代，过年成了我们吃上想了一年的"好吃的东西"的唯一寄托。可能是因为每家都有几双眼睛巴巴地盼着，不管年成好坏，备年货成为每个农家一年最重要的事。一个村子里每个家庭的境况从备年货的程度就一目了然。只要一年有所结余，做家长的就会将所有果实通过年货和盘呈现，家长最在乎的是自家孩子因为"年货羞涩"自觉比别人家矮一截。我们家的年景好坏，一是看过年前几天父亲的劲头，如果父亲张罗着要上街，我们几个暗喜；甚至大声说要去买肉、买鱼，我们大乐；如果父亲那几天一声不吭，我们几个会知趣地不声不响。二是观母亲在家备炒米、熬糖、打豆腐的数量。我的记忆里，年景再差，家里也要备一点的。年货多少可以用来检验家里一年下来粮食是否够吃，如果有一定余粮，母亲会把年货备得充裕一些，反之就只是象征性地备一点解馋。三是看是否请裁缝到家做衣裳。在那个年代，春节能穿上新衣裳是每个乡下孩子最大的奢望。在大多数年份家长是不可能给家里几个孩子同时添新衣的，一般是今年给小的做一件，明年给大的做一件，添衣服的办法是母亲到附近街上的布店买回来自己用手工缝成。如果赶上家里春节期间请裁缝到家里来做一天衣服，我们几个会喜出望外，抢着去把裁缝接过来。请裁缝到家是很大的一件事，一则意味着家里这一年年景不错，二则意味着我们每个人差不多都可以添新衣了，三则因为有裁缝到家我们能吃到有肉有鱼的"大餐"。但是，从我记事起，家里差不多3～5年才有一次。

农村家庭年关的境况取决于当年的收成。在我印象里，尽管当年大多数农家日子都不好过，但各户尤其是各小队之间还是有差别的。由于普遍的短缺，一家比另一家多一点都会立马显出来。一个小队里农户之间的差距主要取决于各家挣工分的劳力多寡。我们家父亲、母亲加上我姐姐都是挣工分的整劳力，每年年底分红还能过得去。但我二叔家境况就很差，他家只有两个整劳力、一个半劳力，非劳力达四个。到了年终他家不仅分不到东西，还要借粮度过年关。每到过年，就听到叔婶凄惨的哭声，顿时我们几家陷入过年的沉重。在我们队里，还有七八户年关很难过的，这几户的孩子会在大年三十及初一、初二到附近的街镇和境况好一些的村庄要饭，我至今都清晰记得他们带白米、饭菜回村时的喜悦神情。小队和小队的差距在年终也立显，我们挨着的三个小队，数二队最差，一是因为人多地少，二是人心不齐，三是管理跟不上。隔壁的一队和三队境况就好不少，两个队的人均耕地都比我们队多，而且据老乡讲他们还瞒产瞒田，留下来供分配的比我们也多，他们两队人心也比我们队齐，干部威信也比较高。他们比我们强的主要证据也是年货。我舅舅就在三队，他们家备的年货不仅花样多，有炒米、板糖、麻花等，而且量也大，我们家备的年货一般也就到正月初五就被我们几个吃光了，舅舅家年后一两个月还有存货。我往往借放学回家路过他家去解解馋。

乡下人之间走亲戚、拜年、同族及较和睦乡邻之间请吃饭是过年的重要礼数，也是那个年代最让人留恋的、最具人情味的记忆。但是，由于物质的匮乏，我们也干出一些令人尴尬的行为。比如，我们那里的风俗是到亲戚家拜年时，一般送一盒糕点，这些在我们那时是很稀罕的食品。有时从小卖部买了糕点盒以后，在路上会忍不住从里面抠一两个京果下肚，到了亲戚家会"做贼心虚"地把礼盒偷偷放到他家神柜上。最严重的一次是，我们去给一家一百多里地以外的亲戚拜年，早上六点多就出发，下午五点才抵达。走到半路时，我们饿得实在饥肠辘辘了，于是打起了礼盒里糕点的主意，一开口就不可收拾，两盒糕点一下子全吃光了！我们拧着空盒子到的他们家，干脆告知糕点被我们路上吃光了！一屋子亲戚听到后笑得前仰后合。拜年主要是晚辈对长辈的行礼，我们小孩主要是为了以此弄点压岁钱。那时钱是乡下人最缺的，因而很难有斩获，即便嘴再甜、再乖巧，长辈也就是给个一毛、两毛的，如果给到五毛，那会情不自禁地多叩几个响头的，小孩们春节快过完时最重要的事情是清点手中的压岁钱，尽管加起来就那么一两块钱，但内心还是非常满足，这些钱尽管面值极小，但张张都是新的。同族或乡邻之间请吃饭是我们那一带一直以来的习俗，现在的年轻人回家乡最犯愁的是一家家接着去吃，但我们那时还是很喜欢的，因为可以多吃几顿好的。当然一家家吃了以后也会议论，比如有的家庭鱼个头明显过小，肉都是肥的之类，心底里会怪这家人太那个了，现在回想起来，这类看似"抠"的行为客观上还是因为穷！

乡下过年最有节日气氛的是舞龙灯、舞狮子和玩彩船。这几种娱乐方式即便在最困难的年份也未中断过。我每年都期待他们的到来，一是热闹，有过节的喜庆，可以忘掉贫穷见到欢乐；二是能欣赏农民艺术性的一面，我对乡下人精巧一面的认识就是从这些表演来的。一个队伍一个队伍的尽情表演，尽情展现着他们种地以外的才华，从中发现农民既不愚、也不笨，充满着来自泥土远处的原始创造力。但是，隐于欢乐之下的羞涩也是只有穷人才能体会的。在乡下，这些娱乐队伍在你家门口表演的卖力程度一定程度取决于你给他们的礼物。一个队伍到你家表演时，主人一般会在神柜上放烟。你摆的烟多，他们表演的时间会较长，也更卖力，一旦一无所获，他们就走走过场到下一家了。这种场面实际是很伤自尊的。一些家境困难的农民会把门关上装作不在家，以避开这种尴尬。最为痛苦的是，如果表演队伍是你家亲戚一方过来的，你关门就很不礼貌了，会被人说闲话。你家献烟的多少不仅体现了自己的体面，也是给你家亲戚争面子。家境很不好的家庭，是非常害怕来自自家亲戚的表演队伍到来的。

过年的苦涩味在我1981年从复旦回来过春节时改掉了。记得还没到年关，父亲就给我寄来了回家的路费。到了家里，父亲满怀喜悦地讲述家里打了多少粮食，有多少收成，他早早到街上买了一条大鲤鱼准备年三十吃，母亲做了很多用豆腐、藕、大肉做的卤菜，家里熬的糖、炒米等装了两缸子。带来年节变化的是那一年春我们队实行了包产到户。

在这篇小文成稿时，已经到了 2019 年小年的凌晨，接下来几天一个个在外奔波的人会利用各种交通方式回家，每个人将被各种媒介烘托的节日气氛、年味儿、亲情和团聚等所包裹。对我而言，这些苦涩记忆到过年时就是挥之不去，因为它们是在这个特殊的节日里印进我脑海里的，已经刻骨铭心。

（作者系中国人民大学经济学院党委书记兼院长）

前沿报道

同质化的城市发展问题正向乡村蔓延

⊙ 冯骥才

　　每一分钟，都有文化遗产在消失。再不保护，五千年历史文明古国就没有东西留存了，如果我们再不行动，我们怎么面对我们的子孙？

　　我担心将来中国人会在自己的城市里迷路，不论哪个城市，满眼全是现代建筑。所有文化旧址、胡同、街道，都被房地产开发商的推土机铲平，造起来的楼盘，基本上都是一个样，原有的城市个性和特点都消失了。

　　我举两个城市的例子，南方的浙江嘉兴和北方的山东德州，这两个城市在发展和建设当中，城市里面的历史街区板块（德州除去一个文化性的遗址之外）基本上完全没有了，它们曾经是中国历史上非常著名的文化名城，如今连历史建筑都基本上没有了。

　　那些对历史和文化遗产的保护意识比较落后的发展思路，其更大的兴趣，仍然是那些旅游景点式的东西，要急功近利地把投资通过商业运作挣回来。他们把老城最后搞成了遗址公园，最后为了收门票，人流众多，商业气息太浓，历史的感觉反而没有了。

　　这样的问题在古城改造中屡见不鲜。云南的大理和丽江，向来被视作古城保护的典范，它们吸取了其他城市的教训，在古城外另建新城区。但在我的眼睛里，大理和丽江的历史传统没有了，灵魂没有了，只剩下一个躯壳。

　　它们完全是商业化的城市，原有的文化深层的魅力流失了，原有居民大量迁走了，城市的记忆没有了，原有的生活形态没有了，游客和居民都是汉人，原有的民俗和生活也丧失了，小店里卖的东西在南方、东北的景点里都有，游客看到的歌舞，最后都是表演性的东西，村民在那儿挤眉弄眼，真正内涵的东西没有了。

中国那些远离城镇的古村落，因为地处偏远，远离高速公路，在城市化突飞猛进的三十年里，它们得以幸存。但在这几年的城镇化进程中，一批保存了近百年的古村落，被有组织有计划地拆掉，建设成新城镇和高层小区。

十年前，我和中国民间文艺家协会去山东普查，发现齐鲁大地上有许多不为人知的古村落，有的村庄占地庞大，有城墙围绕，护城河和内河、池塘纵横，学堂、孔庙、祠堂、仓库、戏楼、钟鼓楼都有，街道、水井齐整，民居规划工整，非常美丽。

我们当时还能看到山东的一些古村落，我们想做古村落的调查，把好的古村落确定下来，然后向建设部提一个名单，这些村落像北京的胡同一样先别动。去年我们的队伍深入调查下来，结果发现这些古村庄没有了。山东经济发达，其城市化速度也快，但在历史建筑和地方文化保护方面却也付出了不小的代价。

对那些商业化的古村，如山西王家大院、江苏周庄那样的旅游景点，我也担心它们的未来。他们往往是把村子围起来，把几个道口都变成了售票处。在我看来，这些古村就是为商业服务的，是为游客表演的一个平台，跟文化没有关系。对这些古村的改造和"复兴"应避免随意和过度商业化，可惜的是，当下的做法还有不少缺陷。

即使是那些入选世界文化遗产的古村，它们的未来也叫人担心。在江西赣南地区和福建闽西地区分布着三万多座土楼。在它们成为世界文化遗产以前，很多土楼里的牌匾和摆设的文物，都被文物贩子收购并转卖到了国外。后来申请世界文化遗产，有关部门也花钱请专家、学者做申请文本报告，做规划、保护方案，但在土楼定为世界文化遗产之后，那些保护方案的落实却与预期存在不小差距。

原来每个土楼都是博物馆，先是毁了一批，后来又卖了一批，所以很多土楼都空了。也有少量土楼里还有些东西，但这些土楼里现在没有人住，风吹雨淋，破败得很厉害。那里只是动物和植物的天下。中国应该出台完善有效的法律和管理机制，酌情让符合条件的人使用土楼、居住其中，系统化地对土楼进行保护，延长它的寿命。

对古村的未来，我很担忧。

现在城市的同质化正在向农村转移。大批的房地产商把城市土地开发完了后，正在转向农村，因为农村还有大量的土地。这一波，如果我们控制不了，千姿万态的中国村落就会变成城市里那些建筑垃圾。

（作者系著名作家、中国传统村落保护与发展研究中心主任）

想说就说

农民土地承包权进退机制亟需构建

⊙ 朱汉领

第一轮农村土地承包是从 1983 年前后开始到 1998 年止，承包期是 15 年。第二轮土地承包从 1998 年开始，土地承包期再延长 30 年不变。2002 年颁布的《中华人民共和国农村土地承包法》中进一步明确规定，耕地的承包期为 30 年。农村土地承包后土地的所有权性质不变，承包地不得买卖。在一二轮承包过程中，以"农户"为单位进行承包，对婚进婚出、新生儿、死亡人员的土地承包权的处理，各地大多执行的是"增人不增地、减人不减地"政策，也就是新增的农民不增加土地承包面积，死亡的不减少承包面积。但随着时间的推移，特别是农业税、"两上缴"、村提留乡统筹等村民"负担"取消，加之耕地保护费等各类农业补助到位后，农村土地"值钱了"，说破了，有土地就等于有钱有收入。此背景下，一些没有享受到土地承包权的"新"村民维权意识明显高涨，引发的不稳定性矛盾长期累结蓄势待发。显然，"生不添死不减"政策愈来愈不适应农村实际的需求，进一步明确农民土地承包权进退机制问题已迫在眉睫。

一、"老"政策已造成"苦乐不均"局面

任何政策举措实用价值体现于因时、因地的实践需要，并在实施中不断健全完善。政策的生命力在于落地生根、落地见效。"生不添死不减"的"老"政策，其时合乎时宜，但一执行就是四十年，制定政策的背景、环境、对象已经发生了深刻的变化，加之各种

新的惠农政策的交织影响,可谓世殊时异。其间,《农村土地承包法》虽作两次修改,但相关条文的规定仍然笼统,缺乏明确具体的操作规定,导致实际工作中该进的进不了,该退出的退不出来,形成一部分人长期不享受权益而另一部分人长期重复享受权益的局面,呈现"苦""乐"两极分化。显然,"老"政策存在诟病。

1. 农村土地承包权"新人""入口"不明确,引发不均的矛盾长期存在

在一轮承包、二轮承包前期,农民承包土地有"负担"尽义务时,有些农民小孩尚未成年,主张权益并不积极,那时要田等于要"负担"。而在二轮承包中后期,随着土地"负担"逐步取消和各项农业补助的落实,土地隐性收入明显增加,争取已成年孩子的土地承包权的要求也就日渐高涨了。如果小孩在二轮承包开始后出生,到二轮承包结束后,已经是 30 岁青壮年了,如三轮承包政策再不作调整,就意味着身为农民一辈子也没有土地承包权。显然,这些"新人"不可能不维权,新成员土地承包权势必调整到位。而村委会往往因村集体机动地少,"粥少僧多"而无法平衡到位。还有些机动地相对多的村委会出于维护村集体运转需要,或者怕"牵动荷花带动藕"引发大面积维权要地,也不愿平衡解决。这个矛盾从一轮承包后 1984 年出生的小孩,到二轮承包初期显现,经过两轮承包多年的累结,如进入三轮承包,仍然得不到解决,势必尖锐且长期存在。

2. 农村土地承包权"老人"(死亡)"出口"不明确,导致村集体利益长期流失

有些老人在二轮承包后过世,甚至出现"绝户",其名下的承包田,村集体受"老"政策和各种阻力影响而无法收回,一户收不回,则户户收不回,导致村集体利益长期流失。这笔损失不是小钱,而经过两轮承包多年累结,已是一笔庞大的集体财富。同时,因该退而退不出,造成权益长期重复享受,引发群众"攀比"的不平衡性矛盾也将长期存在,导致村委会各项工作的推进阻力重重。

3. 农村土地承包权进退机制不明确,影响人群不在少数

农村土地承包权进退影响人群以死亡人员和新生儿人员为主,婚进婚出人员相对稳定,新生儿受影响最大。新生儿该享受人员减去死亡该取消人员之差,呈净增长趋势。据我们随机调查,一般 2000 人左右的村,约占村总人口数的 1%,也就 20 人左右应该净增享受土地承包权,也就是 20 个家庭,推算到一个镇乃至全

县（区），累计已不是少数。特别是现行生育政策放开，农村二孩三孩将会越来越多，随着时间的推移，受影响人群将越来越庞大，尤其是放开后出生的二孩三孩将集中在三轮承包中争取自身权益。这种权益不平衡不满足的矛盾，如不从根本上解决，必将影响着农村的长久稳定和谐发展。

二、调整"老"政策的条件日臻成熟

1. 主体结构上发生了变化，由"全员"向"少数"转变

二轮承包以来，随着年龄增长、体力减弱的客观限制，农民作为独立个体种田的越来越少，且呈高龄化种田趋势和"断层"状态。根据随机调查，目前，真正在一线种田的农民，主要集中在60岁左右、文化层次低、家庭经济一般、主要靠劳务收入作为家庭辅助收入的人员，这部分人员约占村总劳力数三分之一，是传统概念上靠田为生的"农民"。而50岁以下真正种田的可谓凤毛麟角，他们或者不种田，或者以种田为辅，其他收入是家庭主收入，他们可谓"半技半农"。而伴随着二轮承包成长起来的"新一代"青年人种田的几乎为零，他们根本不种田，大多数有了新的就业，已不是传统的"农民"。同时，随着城镇化推进，进城入镇居住的农民越来越多，加剧了农民脱离农业生产一线。越来越多的农民离开土地，农田向少数人群（个体）集中成了必然趋势，种田大户、家庭农场等新型农业主体应运而生，他们承担着全村大部分田块的种植。显然，当前农业生产主体结构已发生了显著变化。这种大部分人"离开田不要田"的变化，为解决极少部分人员要田或要权益腾出了较大的土地操作空间和选择渠道。

2. 主体选择上发生了变化，由"唯一要田"向要"多样维权"转变

2003年执行的土地流转法，使农民承包的土地"活"起来，农民不再捆绑在土地上了，可根据自己情况有了新的选择。特别是近些年农业生产全程机械化和现代科技成果的运用，大大地促进了土地"集聚"起来，进一步推进了农民与土地的解绑，赋予了农民对土地更多的选择空间，可要田，可不要田，也可选择货币结算。而伴随着二轮承包成长起来的"新一代"青年人对种不种田更持无所谓态度，但他们对应享受的权益——土地承包权仍要争取的，因为现行情况下，有田就等于有收入。显而易见，二轮土地承包期间，农民对土地的依赖程度发生了变化，已经改变了过去"农民离不开土地""土地离不开农民"的捆绑僵化状态了，这就

为"动账不动田"创造了基础，为新主体享受土地承包权提供了政策调整的空间和赋予了新的手段。"老"政策之所以长期执行，重要因素就是考虑"田"不能经常变动而影响农村长期稳定。

3. 在时间上有足够的"窗口"期

各地农村土地二轮承包期限都在 2028 年 10 月份左右，在开展进行专项摸底调查、政策制定、试点总结、全面推广等工作，探索出符合三轮承包要求的承包权进退机制，尚有足够的时间。

三、构建"人在权在"的进退机制

习近平总书记强调：农村土地第二轮承包到期后再延长 30 年，这是保护土地承包关系长久不变的重大举措，要严格保护农民承包权，任何组织和个人都不能取代农民家庭土地承包地位，都不能非法剥夺和限制农民的承包权。党的二十大报告中明确指出："深化农村土地制度改革，赋予农民更加充分的财产权益。"这就要求我们在推行农村土地制度改革中必须坚持农村家庭承包基本经营制度不变，坚持保护农民土地承包权长久不变，坚持保护农民利益不减。为此，遵循这样的原则和要求，保持"统分"结合的双层经营体制不变，本着聚"分"强"统"的基本思路，结合农村一线的工作实践，提出在三轮承包中引入"人在权在"的农民土地承包权进退机制的构想，推进农民土地承包权分配公平化。

1. 严格村集体经济组织成员户籍进出管理

公安机关和村委会严格加强村婚进婚出妇女和新生儿、死亡人员的户籍管理，特别是 2028 年 10 月各村集体组织成员的户籍数，无论未来三轮承包在二轮承包基础上有无调整，这是农村集体土地权益分配的基础和基数，也是体现农村土地分配权益公平、合理、有效的标尺。

2. 确定村集体经济组织成员权益均等化

在坚持二轮承包大原则不变前提下，村集体或以村为单位或以自然组为单位，对辖区总面积除去 5% 作为机动地外，一律平均分配，实现所有集体组织成员权益均等。在实际操作中，可以采取"动账不动田、动田不动账"等调节办法，将二轮承包中没有享受土地承包权的人员吸纳进来，保证全员权益均等。在当前土地较大面积流转的新形势下，实现全员土地权益均等化到位，根本不需要像一、二轮承包大面积动田，其操作难度并不大，实行货币化结算是落实土地权益的有效选择和最终选择，也可以说是土地权益调节器。

3. 建立农民土地承包权进退动态机制

即建立新人该进即进、老人死亡即退的实时办理制度。具体包括以下几个方面：

对婚进妇女或已达成年的新成员，愿意种田的，本着就近方便农户、"小田并大田"的原则，一是从村委会机动田中补足；二是从群众流转田块中补足；三是从村集体收回的地块中补足。对不愿意种田的，依据村土地流转平均价格为标准，村委会以货币化结算予以权益保障。

在明确父母与子女是否是独立户的条件下，对夫妻双亡出现"绝户"的，村委会当年依法收回该老人的土地承包权，其名下的土地可收回重新整合发包，也可签约流转其子女种植，收取土地流转金。

对已享受土地承包权益的，在考取公务员、事业单位、国有企业等的青年人以及婚出人员，村委会适时收回其农村土地承包权，也可签约流转其父母种植，收取土地流转金。

对实际工作中另外出现的特殊类型进出人员，以稳定为原则，视具体情况给予稳定或调整。

4. 进一步深化土地制度改革，促进农村长期稳定

"三农"的核心是农民问题，而农民问题的根本是处理好农民与土地的关系。因此，必须通过改革的手段，逐步建立与农民需求相适应、与农村实际相配套的土地制度。在充分尊重农民意愿的基础上，以自然组或村为单位，将农民分为两类，一类是仍愿意种田的，一类因身体、居住等原因而不种田的。愿意种田的，合并其名下的多块田为一块田，选择地块好、位置好的区域给他们承包种植，自行收益。对不再种田的农民，继续推行土地制度改革：一是实施村民土地权益化或股权化。实行土地承包权和经营权分离，土地经营权逐步由村委会（或村集体经济组织）回购统一经营，由村公开招标确定种植主体，实行抵押种田，控制风险，确保农民土地流转金不因市场或人为因素受损，村集体依据发包收入结算农民土地权益。这部分农民凭土地承包面积享受权益，村集体成为农民土地权益的"账房先生"。

二是推行"小田变大田"改革。村集体回购农民土地经营权后,本着"小田变大田"的原则,适时开展土地平整,逐步实现土地由零碎化向条田化、高标准农田化转变,为全程推广农业机械化、农业科技化成果的运用做好基础,努力提高土地产出效率,推进现代农业发展进程。三是推行权益福利化分配。对村回购经营权所合并的大面积田块对外发包经营产生的增值收入以及合并田块形成的溢出面积产生的溢出收入,实行权益共享,推行"二次"福利化分配,努力增加群众收入。对死亡人员,村集体在收回其土地承包经营权时,按其三年左右的土地权益为标准,给予其家庭一次性抚恤性补偿,既体现对农民的尊重,也体现对其家庭的一种财产性补偿。

(作者系江苏盐城市黄尖镇兴农村党总支第一书记、黄尖镇社会治理局局长)

以市场为导向推动乡村产业振兴

⊙ 李璟

    2022 年中央一号文件重点围绕乡村产业振兴提出了一系列要求，产业振兴由此成为持续巩固拓展脱贫攻坚成果和全面实施乡村振兴战略的延续性制度安排。二十大报告中进一步明确指出：加快建设农业强国，扎实推动乡村产业、人才、文化、生态、组织振兴。这是国家首次提出建设农业强国，并在 2023 年颁布的中央一号文件中再次明确了对加快建设农业强国的战略部署。所有这一切都充分表明，产业振兴是乡村振兴工作的重中之重。这需要我们适应新形势要求，及时转变工作思路和工作方法。如何因地制宜将当地特色资源与市场需求紧密结合起来，建立市场化的导向机制和运作模式，促进乡村产业按照市场化轨道高质量发展，助力乡村产业升级，实现经济、生态效益双赢的高质量和可持续发展，是我们当下以及以后相当长一段时间要着重研究和解决的重大课题。本文就产业振兴方面谈几点认识。

一、充分认识从脱贫攻坚到乡村振兴转型的战略意义

    党的第二个百年奋斗目标是建成富强民主文明和谐美丽的社会主义现代化强国。从脱贫攻坚转到乡村振兴，是我党为实现这个目标的重要战略性决策。从城乡关系来看，中国与发达国家还有较大差距。发达国家的城乡关系具有两个基本特征：一方面，发达国家的城乡没有根本性生活质量差距，有的国家甚至出现农民人均收入高于城镇居民的现象；另一方面，发达国家城乡人口的比

例与城乡创造的 GDP 相适应。而我国的农村落后问题则是实现第二个百年奋斗目标的短板，主要表现在城乡收入差距大、基础设施不完善、公共服务质量低、环境卫生差、治理水平低等方面。

同时，从脱贫攻坚转到乡村振兴，具有科学的逻辑关系，主要体现在以下三个方面：首先，从时间上看，脱贫攻坚时间短，乡村振兴时间长；脱贫攻坚从 2013 年开始，到 2020 年结束，用了 8 年时间；乡村振兴从 2018 年开始，计划到 2050 年结束，需要 32 年时间。其次，从对象上看，脱贫攻坚主要针对贫困地区，乡村振兴则覆盖所有农村区域和农村人口，要达到城乡融合发展，实现资源双向流动。最后，从目标上看，脱贫攻坚解决的是绝对贫困的问题，要求贫困人口稳定实现"两不愁三保障"和稳定增收；乡村振兴则是缓解相对贫困、缩小与城镇的收入差距，实现农业农村现代化，其标准远高于前者。

因此，要充分认识到，从脱贫攻坚转到乡村振兴，是切实提高农村经济战略地位的重要体现。实际上是要把农业农村工作由原来的以计划调节为主的方式转型到以市场化手段调节为主，按照市场化原则，从原来的以"输血"为主转到以"造血"为主，以全面彻底激发农村的经济活力，最终实现农业强国。可以说，以产业振兴为核心的乡村振兴，将给我国农村带来巨大的市场机会，农村与城市必将高度融合，困扰多年的工农业经济"剪刀差"最终也将成为历史。所以，谁能在这次转型中抢得先机，谁就将掌握市场的主动权，否则就将一步落后、步步落后。

二、清醒认识农村的产业定位

自古以来，我国都是传统的农业大国，广大的乡村地区一直是我们生产的最主要区域。但随着时代的发展、科技进步，乡村的生产功能逐步被城市弱化，进而大量的村民流向城市，这也是我国城镇化发展的必经阶段。我们很多城市的发展水平已经不落后于许多发达国家，甚至一些一线城市的发达程度已达到世界前列。有不少人认为，在产业推动上，农村是不是也能走城市的发展道路，复制城市的产业？认清这个问题，对于今后农村的产业发展具有十分重要的意义。

农村具有特定的生产资源和自然资源，以种植业、林业、牧业、渔业等第一产业为主，城市以工业、服务业等第二、第三产业为主，农村显著有别于城市的社会经济条件。因此，在产业发展方面，农村要立足客观条件和资源条件，主要就是解决吃饱和吃好的问题，应该主要围绕"吃"来培育和发展农村的第一产业，以及为改进农业生产技术、改善生产条件以及开发矿产资源等而配套的部分第二、第三产业。最后，农村由于具有天然的自然地理和文化环境，还承载着部分第三产业的功能，文化旅游、乡村旅游成为了农村产业必不可少的重要补充。

三、有效整合资源，高标准做好产业规划

产业振兴的核心就是市场化。首先，要全面强化市场意识，生产符合市场需求、有竞争力的农副产品。土地是一个魔术师，需要什么土地就能生产什么。所以我们需要研究市场，以市场思维作为工作出发点，结合当地资源特点，统筹规划，生产和开发具有当地特色的系列产品，以满足市场不断变化的需求。

市场研究需要多方参与，一是政府部门要做好市场研究，主动深入市场、对接市场，精准分析市场的需求，并引导农民充分利用有限的资源，发展多种种养殖项目，如立体养殖、林下养殖等。建议乡村振兴局专门设立市场部，组织专业人员深入研究市场，发现和挖掘市场需求，在此基础上科学规划辖区内的产业布局，不但在产业项目的审核和审批环节上提高成功率，同时也可以更好地为产品的销售服务，防止生产资源的浪费。二是企业要适应市场要求，及时调整和研发新的产品类型，不断完善产品链和产品的升级换代，增强企业的竞争力和抗风险能力。三是专业合作社或行业协会要主动作为，充分发挥专业优势，真正成为农民生产经营贴心的服务者。

其次，高标准做好资源整合和产业规划。乡村产业发展要有"布大局、下大棋"的思路，其关键就是要充分用好一方水土，开发好乡土资源，加强龙头、培育大户，因地制宜选准产业发展突破口，高标准建设，把乡村资源优势、生态优势、文化优势转化为产业优势。要以"一县一品""一村一品"为总的指导原则，大力创新以品牌为纽带的资产重组和要素整合，开展以"地名＋特产""知名景区＋特产"的地方品牌建设，实行同一区域、同一产业、同一品牌、同一商标，挖掘和培养一批有特色、有市场辨识度的品牌。要将辖区内的资源按品牌类别进行整合，提高集约化程度，通过规模经营有效降低成本，不断引导和加强组织化程度，并能有利于形成一定的资源垄断优势和价格保护机制，增强村民的议价能力，力争统一收购、统一销售争取市场的话语权和主动权，有效解决小生产与大市场的矛盾，逐步树立和巩固品牌地位，努力创造"精品"效应和"拳头"效应，使"小特产"升级为"大产业"。比如，很多农村地区出现多种品牌的相同产品，同质化、"小、散、

弱"的现象非常普遍，这样就容易产生"内卷"，增加不必要的内耗，并且容易让消费者无所适从，反而会削弱产品的竞争力，影响市场的品牌价值。

再次，坚定做好深加工产业，提升产品附加值。农产品的深加工是巩固拓展脱贫攻坚成果同乡村振兴有效衔接的重要抓手，是切实解决农村经济发展的有力途径。要彻底改变以往以提供初级产品为主的经营理念和经营模式，推动农村由卖原字号向卖制成品转变，由卖产品向卖产品＋服务转变。中国从古至今一直是一个农业大国，然而，我国的农产品却没有竞争力，造成这种局面除了产业的集约化程度不高外，最主要的原因就是提供给市场的大都是初级产品，没有对产品进行深加工，产品附加值不高，多数产业停留在或种植或养殖卖原粮、原果和生鲜畜禽阶段，深加工、全产业链挖掘缺失，很多优质资源被外省企业低价收购，这些外省企业有时仅仅是贴标后价格就能翻番销售，资源优势没能充分发挥。在中国加入WTO后，大量外国的深加工产品涌入中国，给中国的农业带来了巨大冲击。提高农产品附加值有两种方式：一是对农产品进行深加工，并大多以精致的小包装形式出现；二是做品牌，通过对产品的全方位营销，树立良好的品牌价值和市场形象。

在农产品的深加工方面，应当着重考虑如何将优质食材、头部生产商、消费者紧密连接在一起，如何把农民增收致富与市场新需求紧密结合。当前，以预制菜为形式的新的消费趋势正在形成，市场商机巨大。预制菜是农村第一、二、三产业融合发展的新模式，是农民增收致富的新渠道，可以有效促进农村与城市、农业与工业、饮食与文化等产业深度融合，丰富农村产业类型，提升产业经济价值，对促进创业就业、消费升级和乡村产业振兴都具有十分积极的意义。以在全国具有一定知名度的宁都三黄鸡为例，目前大都是以出售整鸡为主，没有在深加工上形成规模和市场竞争力。三黄鸡之所以有知名度，在于这种鸡营养丰富和口感独特，在提高集约化程度的前提下，成本还有比较大的下降空间。如果通过提炼三黄鸡的饮食文化价值，走精品、高端的差异化营销路线，应该会取得比较好的市场效益。是否能依托三黄鸡，在宁都建设一个以赣州市农业产品资源为主体的预制菜中心，全市可用于预制菜的资源都集中到宁都，既可以节约设备、人工等成本，还可以通过这种高度集约化运作迅速将企业做大做强。再比如，结合当地资源，可以在小面条上做大文章。宁都盛产如莲子、葛根及部分药材等具有多种营养价值的农产品，目前当地还没有企业去利用这些资源添加到面粉中，研发如养生面、药膳面等新品种，说不定一个小小的改进配方可以换来巨大的市场商机。

在农产品深加工方面，要认真总结经验，反思失败案例，彻底摒弃以往由村干部管理产业的模式。应当清醒地认识到，脱贫攻坚期间发展起来的扶贫产业、集体经济项目主要靠驻村干部经营管理，懂市场、会管理、善经营的本土人才严重缺乏，自治能力没有得到切实提高，大多数村干部不具备经营管理能力，村里也很难找到合适的经营人才。要从长远发展考虑，积极改善营商环境，优化招商政策，减少企业顾虑，引进龙头企业来进行投资和管理，集中资源力量支持重点产业做优做强，完善联农、带农利益联结机制，把产业增值收益更多地留给农民。政府对企业要做的就是加强产业指导和服务工作，着力解决产销两头对接问题。

最后，作为乡村旅游对乡村振兴的重要补充，一定要在区域内整体规划，形成旅游生态圈。宁都可以把红色旅游 +"一山一水"（即翠微峰国家森林公园和白石温泉）+ 乡村休闲旅游作为旅游开发重点。宁都周围还有于都、瑞金、广昌，可以主动对接这些地方的旅游资源，丰富生态圈，让游客玩得好、留得住，还想来。这样既可以满足当地居民的旅游需要，还能很好地吸引外地游客。据了解，翠微峰国家森林公园有开发商进入，但目前处于停工状态，政府部门应当协调、处理好相关问题，尽快让项目正常运作起来。如果原开发商无力继续开发下去，需要重新启动招商程序，这么好的资源浪费实在可惜。

四、创新融资模式，助力乡村振兴

在脱贫攻坚向乡村振兴转变的大背景下，随着市场化运作的不断深入以及农村的产业逐步壮大，所需要的资金规模不可避免地将会变得更大。为有效解决资金问题，产业与金融的配合尤为重要，需要我们集中智慧，健全乡村振兴多元投入机制，在资金筹集上采取比以往更超常的方式，以进一步发挥金融工具丰富多样的优势和长期支撑的作用，彻底改变以往仅仅依赖于财政和银行的简单方式，逐步扩大直接融资的份额，让政府、企业、农民真正成为市场的参与者和利益的共同体，灵活运用金融工具、利用多种渠道筹集建设所需资金，有效提高项目的成功率和资金的使用效率。其中，以基金等市场化运作的筹资模式将会成为一种趋势。实际上，早在2021年，《中共中央、国务院关于全面推进乡村振兴加快农业农村现代化的意见》中就已经明确提出以市场化方式设立乡村振兴基金，撬动金融资本、社会力量参与，重点支持乡村产业发展的要求，部分地方像广东、江苏、浙江等地，已经敏锐地注意到了开发新的金融工具对于乡村振兴工作的重要意义，并已经开始了实务操作，多采取政府出资一部分、企业和社会投资人出资一部分、村集体和村民出资一部分的形式设立基金份额。这样，政府在投入始终资金扶持企业走上正轨后，可以选择向社会转让并退出股份，实现财政资金的循环利用，最大化提高资金使用效益。据统计，地方性乡村振兴基金已有180多支，筹资已超千亿规模。这些资金对于促进乡村产业振兴、农业农村现代化建设正在发挥着举足轻重的作用。

五、加快乡村干部人才培养，充分发挥好驻村干部的作用

目前农村基层干部队伍存在着不少缺陷，政治素质和业务素养不甚理想，无法适应当前工作形势的需要。针对这种情况，首先要加速农村基层干部的更新换代，做实做好选调生和大学生村官对村务的融入工作。其次，也是更重要的是，对现有的这些基层干部加强培训，尤其要重视对村两委班子的培训，经费上要有保障，时间安排上要有保证。最后，培训的形式以网络培训为主，培训的内容要以产业振兴为重点，通过产业项目的成功案例为引导，开阔他们的视野，拓宽他们的思路。

随着乡村振兴工作的不断深化，对驻村干部的工作提出了新的、更高的要求，工作重心也将转变到产业振兴上来。驻村干部来自各行各业，有着各自的专业优势，掌握着大量的信息和客户资源，地方政府和部门要充分利用好，进一步关心驻村干部的生活，为驻村干部排忧解难。要转变以往的工作内容和管理模式，多方面支持他们的工作，及时沟通县、乡的产业规划和实施情况，多征求他们的专业意见和建议，并不断完善激励措施，增强他们的参与感，确保驻村干部住得下、融得进，以切实发挥好他们应有的作用。可以考虑择优选拔符合要求的驻村干部，利用他们的专业优势和市场优势，以兼职、挂职的方式积极参与更高层面的产业振兴工作，不但能缓解县、乡人才不足，人员紧张的矛盾，还能借此在当地培养一批乡村振兴的后备人才队伍。

（作者系中国长城资产管理股份有限公司江西省分公司驻宁都县湛田乡李家坊村第一书记）

图书在版编目（CIP）数据

中国乡村发现. 总第66辑 2023（4）/陈文胜主编. —长沙：湖南师范大学出版社，2023.12

ISBN 978-7-5648-5271-9

Ⅰ.①中… Ⅱ.①陈… Ⅲ.①农村—社会主义建设—中国—丛刊 Ⅳ.①F32-55

中国版本图书馆CIP数据核字（2024）第024129号

ZHONGGUO XIANGCUN FAXIAN

中国乡村发现　总第66辑 2023（4）

陈文胜　主编

出 版 人｜吴真文
责任编辑｜彭　慧
责任校对｜王　璞

出版发行｜湖南师范大学出版社
　　　　　地址：长沙市岳麓区麓山路36号　邮编：410081
　　　　　电话：0731-88853867　88872751
　　　　　传真：0731-88872636
　　　　　网址：https：//press.hunnu.edu.cn/
经　　销｜湖南省新华书店
印　　刷｜长沙雅佳印刷有限公司

开　　本｜710 mm×1000 mm　　1/16
印　　张｜10
字　　数｜180千字
版　　次｜2023年12月第1版
印　　次｜2023年12月第1次印刷
书　　号｜ISBN 978-7-5648-5271-9

定　　价｜25.00元